Afriques,
200 millions de chômeurs !

Obstacles, atouts, comment faire ?

Questions contemporaines

Collection dirigée par Jean-Paul Chagnollaud, Bruno Péquignot et Xavier Richet

Chômage, exclusion, globalisation… Jamais les « questions contemporaines » n'ont été aussi nombreuses et aussi complexes à appréhender. Le pari de la collection « Questions contemporaines » est d'offrir un espace de réflexion et de débat à tous ceux, chercheurs, militants ou praticiens, qui osent penser autrement, exprimer des idées neuves et ouvrir de nouvelles pistes à la réflexion collective.

Dernières parutions

Eguzki URTEAGA, *Le processus de paix au Pays basque*, 2021.
André BOROWSKI, *Considérations sur les pathologies religieuses. Contra religiones*, 2021.
Mohamadou BA, *L'école sénégalaise face aux enjeux de la modernité. Un défi lancé à l'État et aux populations*, 2021
Mohamadou BA, *Le maitre d'école, quelles ressources pour un enseignement-apprentissage de qualité ? De l'implicite à l'explicite*, 2021
Gabriel RAMIREZ MORALES, *Le fameux télétravail. Pièges, dangers et surtout les bienfaits,* 2021.
Charles-Édouard LEROUX, *L'avenir d'une déception, Vivre des temps incertains*, 2021.
Seungman BAEK, *Écosystème urbain et architecture en Asie orientale*, 2021.
Michel BOSC, *Le jouet, miroir de la France. 1900-2000*, 2021.
Christiane LOPEZ, *Des élus locaux face à la collusion des égoïsmes. NIMBY (Not In My Back Yard)*, 2021.
Mohamed DJERIOUAT, *L'intégration par la langue. L'impact du contrat d'intégration républicaine (CIR) sur les réfugiés*, 2021.
Sébastien JANICKI, *Postmodernité et éthique appliquée. Société, Travail et Politique*, 2021.

5-7, rue de l'Ecole-Polytechnique, 75005 Paris

www.editions-harmattan.fr

ISBN : 978-2-343-23141-9
EAN : 9782343231419

Jean-Patrice Poirier

Afriques, 200 millions de chômeurs !

Obstacles, atouts, comment faire ?

L'Harmattan

Du même auteur

L'eau, Objectif du millénaire ? ou l'incurie des Etats
Editions Autres Temps, 2012

La Grande Saga de la Compagnie Générale des Eaux
Editions Autres Temps, 2013

Quand la case de ton voisin brûle, hâte-toi de l'aider à éteindre l'incendie de peur que celui-ci ne s'attaque à la tienne

Proverbe Ivoirien

L'Afrique n'a pas besoin de baby-sitters

Paul Kagame, 2019

Préface

L'emploi est le problème majeur de l'Afrique.

Ce livre s'appuie sur des choses vues et vécues. L'auteur y analyse la situation à partir de sa longue expérience de Directeur à l'international dans les pays émergents auprès de grands groupes français (Alstom et Veolia) et de la présidence pendant sept ans d'une ONG agissant en Afrique subsaharienne (Antenna France).

De ce qu'il a vu sur le terrain, de ses nombreuses conversations avec des amis africains et de la lecture d'une abondante documentation, l'auteur a été convaincu que le sujet primordial de l'Afrique est de mettre au travail tous ses chômeurs et personnes sans emploi qui cherchent désespérément une activité. Il ne s'agit pas de considérer que les infrastructures, la santé, l'éducation, la sécurité ou la gouvernance ne sont pas importants. La question est de savoir par où commencer.

Dans les pays riches, ceux de l'OCDE, avoir un emploi est considéré comme un droit, le chômage est très mal accepté et évocateur d'inégalités. Les responsables politiques des pays développés s'expriment régulièrement sur ce sujet sensible qui fait l'objet d'intenses débats, en particulier lors des campagnes électorales.

En Afrique, plus de 200 millions de personnes sont sans emploi. Celles-ci n'ont pas accès à un revenu leur permettant de sortir de la pauvreté, de faire vivre leurs proches et de s'inscrire dans la collectivité de façon digne. Malheureusement, peu de responsables politiques africains se préoccupent de ce sujet essentiel.

En parcourant les pays africains, l'auteur a été frappé par le nombre de personnes rencontrées qui sont dans une situation vulnérable et à la recherche d'un emploi rémunéré et pérenne. Du fait du manque d'emplois officiels, l'économie informelle s'est développée de façon fulgurante. Particulièrement dans les centres urbains surpeuplés, la « débrouille » est devenue un mode de vie ordinaire. Se faisant concurrence les uns les autres, les vendeurs de rues prolifèrent et les petits boulots, souvent éphémères et peu rémunérés, se multiplient.

L'Afrique est riche, mais les Africains sont pauvres. Quatre Africains sur dix vivent en dessous du seuil international de pauvreté établi par l'ONU à 1,9 dollar par jour. C'est le continent le plus pauvre de la planète. Plus de 600 millions de personnes n'ont pas accès à l'électricité, 400 millions n'ont pas accès à une eau de qualité acceptable et 200 millions souffrent du paludisme qui est une cause de mortalité importante (400 000 décès par an).

L'industrie en Afrique est inexistante, avec seulement 1 % de la production manufacturière mondiale, alors que sa population représente 17 % de celle du monde. L'agriculture ne satisfait pas la demande africaine et la démographie galopante aggrave la situation.

Pourtant l'Afrique ne manque pas d'atouts. Elle est riche de nombreuses matières premières et les hydrocarbures génèrent des revenus importants pour certains pays. Du côté des terres agricoles, les réserves sont tout aussi favorables, ce continent possédant 60 % des terres arables encore disponibles dans le monde.

Sa jeune main d'œuvre, ses élites, son importante diaspora constituent d'autres atouts essentiels. Plusieurs leaders marquent le continent africain et lui apportent des orientations pour aller de l'avant. D'ailleurs certains pays tirent leur épingle du jeu, en particulier l'Afrique du Sud et les pays d'Afrique du Nord.

Malheureusement, trop peu de responsables politiques africains, que ce soit dans leurs discours ou dans leurs actions, mettent l'accent sur ce besoin impérieux de création d'emplois pérennes. Il leur est plus facile et plus glorieux de couper des rubans d'autoroutes, inaugurer des hôpitaux, réclamer la suppression de leurs dettes aux bailleurs internationaux ou de visiter les pays riches pour solliciter de l'aide.

Heureusement, des exceptions sont là car l'Afrique est très diverse. Il faut se méfier des généralisations. On parle de plus en plus souvent des *Afriques*. Véritable mosaïque de 54 pays, ce continent est riche de 1 500 langues et 2 500 ethnies qui sont autant de difficultés à vivre ensemble. Mais les Africains veulent avancer vers leur unité, ils ont créé l'Union africaine qui a pour devise *Une Afrique, une voix*. Cependant, les obstacles sont nombreux : manque d'industrie, démographie trop dynamique, gouvernance qui laisse à désirer, manque d'attention de la part des pays riches et, en conséquence, un chômage de masse.

Des solutions existent. On peut raisonnablement attendre des leaders africains des décisions orientant leurs pays vers la croissance inclusive. Ce livre raconte comment une telle évolution peut prendre forme : propositions précises (développement du tissu industriel, réorientation de l'agriculture, contrôle de la démographie), récits de projets réussis, portraits de personnes éminentes et de leaders innovants, analyse des obstacles et des solutions pour les surmonter.

Chapitre 1

Le coronavirus

Les considérables dégâts provoqués en 2020 par le coronavirus ont mis l'accent sur les obstacles au développement de l'Afrique.

Pourquoi ce continent, qui a été relativement peu touché par la crise sanitaire a été fortement impacté par la crise économique qui s'en est suivie ?

La pandémie

Le Covid-19, sur le plan sanitaire, a quelque peu épargné le continent africain. On y dénombrait, en avril 2021, moins de 4 % des décès dans le monde alors que les Africains comptent pour 17 % de la population mondiale. Le seul Royaume-Uni déplorait plus de morts que l'ensemble de l'Afrique.

Pourquoi, à cette date, moins qu'ailleurs de cas déclarés et moins de décès ?

La raison la plus fréquemment invoquée est la pyramide des âges. L'Afrique est peuplée essentiellement de jeunes et le Covid-19 est une maladie dont les formes graves affectent majoritairement les personnes âgées. Sur ce continent, 60 % de la population a moins de 25 ans et l'espérance de vie, en moyenne, y est de seulement 62 ans. Par ailleurs, la densité de population est très inférieure à celles des pays européens. Elle est encore plus faible dans les campagnes et la mobilité y étant peu développée, le virus s'y répand très peu. Il faut noter, a contrario, la très forte densité de population des grandes métropoles africaines (Lagos, Le Caire, Kinshasa etc.) dans lesquelles le virus peut se propager rapidement.

Une autre raison majeure évoquée est que ce continent est faiblement mondialisé. Peu de voyages équivaut à moins de propagation du virus. Parmi les 50 premiers aéroports mondiaux, en termes de trafic, figure un seul aéroport africain (Johannesburg). L'Afrique du Sud, pays industrialisé et mondialisé est en effet une exception, la pandémie le touche bien plus que les autres pays africains.

D'autres raisons, non démontrées à ce jour, ont été suggérées par des médecins. En particulier, les populations de ce continent sont tellement soumises en permanence à des parasites, virus et autres infections qu'elles auraient développé un système immunitaire les protégeant mieux des attaques. Sur ce point, ne doutons pas que les études à venir élucideront ce sujet.

Et puis, les gouvernements africains ont vite pris de bonnes décisions. Ce continent est si peu équipé sur le plan sanitaire que la propagation du virus aurait des effets immédiatement très dévastateurs. En effet, rapportés à la population, il y a en Afrique six fois moins de lits d'hôpitaux qu'en Europe. Alors que le nombre de décès était encore très bas, les gouvernants africains, compte tenu de ce sous-équipement, ont rapidement pris des mesures : fermeture des frontières et des aéroports, confinement dans les grandes villes, fermeture des écoles et universités, mise en place ici ou là d'aide alimentaire et d'enseignement à distance. Certes, le confinement, notion peu compréhensible dans la culture africaine, est difficile à respecter en beaucoup d'endroits, particulièrement là où les populations n'ont pas accès à l'eau et à l'électricité. Malgré cela, les mesures ont été prises et ont été généralement respectées.

La combinaison de tous ces éléments fait que ce continent, en 2020, a été peu touché par la crise sanitaire mondiale. Cependant, le futur reste incertain. Quoi qu'il en soit, si l'Afrique a été relativement épargnée par le virus sur le plan sanitaire, elle est entrée de plain-pied dans la crise économique en contrecoup de la crise sur les autres continents.

L'Afrique face au virus

Le monde entier a réagi à la pandémie, d'abord sur le plan sanitaire puis sur le plan économique en prenant des mesures très fortes. Les gouvernements des pays riches ont rapidement décidé d'injecter des fonds publics dans l'économie afin que leurs PIB ne s'effondrent pas. Le FMI a calculé qu'au niveau mondial, plus de 16 000 milliards de dollars, montants colossaux, ont été budgétés en 2020 pour faire face à la crise et relancer les économies. Combien pour l'Afrique ?

L'Afrique reçoit chaque année, environ 150 milliards provenant de l'aide au développement, des investissements directs et des fonds de la diaspora. La pandémie, en 2020, a mis à mal ces transferts. L'OCDE estime que les investissements directs auraient chuté de 60 % et les fonds de la diaspora de plus de 20 %. Heureusement, l'aide publique s'est légèrement améliorée.

De quels fonds supplémentaires pourrait bénéficier l'Afrique pour faire face à la crise économique engendrée par la crise sanitaire ? L'ONU, en 2020, par le document *Réponse globale des Nations Unies à la COVID-19*, a proposé une aide aux pays pauvres de 10 milliards de dollars incluant la réponse sanitaire. Sur cette somme, il restera sans doute très peu pour la relance. L'Union européenne, quant à elle, a planifié pour l'Afrique l'octroi de 3,25 milliards d'euros. On est très loin du compte, l'économiste Carlos Lopez estime qu'il faudrait au minimum mobiliser 200 milliards pour pallier les effets du Covid-19.

La situation est préoccupante. Du fait de la crise sanitaire mondiale, l'Afrique est entrée en 2020 en récession économique, provoquée par la baisse du prix des matières premières, la fermeture des frontières, la chute du montant des investissements étrangers, l'effondrement du secteur du tourisme et la diminution des fonds envoyés par la diaspora. La situation des pays est contrastée, les pays agricoles étant moins touchés que les économies liées aux matières premières. La Banque mondiale considère que la pandémie va effacer sur le continent cinq années de progrès.

L'indice de développement humain (IDH), est un indice composite qui se mesure au niveau de chaque pays en prenant en compte le PIB par habitant, l'espérance de vie à la naissance et le niveau d'éducation atteint à 17 ans. L'Afrique subsaharienne concentre la majorité des pays les moins bien classés. Cet indice, qui progresse chaque année, aura reculé en 2020 !

L'Afrique, pour se développer, a besoin de croissance. Ces dernières années, elle était de 4% par an, chiffre nettement insuffisant. Pour 2020, à la suite de la crise économique engendrée par la pandémie, les économistes ont calculé une récession économique de 2 %, contre une croissance de 4 % prévue antérieurement. L'ONU prévoit, du fait du Covid-19, un fort accroissement de la pauvreté, des inégalités et du chômage. Quelques 100 millions d'Africains supplémentaires risquent de retomber dans la pauvreté.

Le cas de l'Afrique du Sud, l'un des pays du continent le plus mondialisé, est emblématique. Il recueille la plus forte mortalité due au virus. Ce seul pays compte environ la moitié des décès du continent. Les conséquences sont désastreuses. D'après l'ONU, l'économie sud-africaine mettra cinq ans pour se relever de la récession annoncée en 2020. Le produit intérieur brut du pays le plus industrialisé du continent a reculé de 7 %.

Le virus a aussi révélé la capacité de résilience de l'Afrique. Les décisions politiques des gouvernements ont été pertinentes et rapides, évitant la propagation la maladie. Les enseignements ont été tirés de la précédente crise sanitaire, l'épidémie d'Ebola qui a coûté la vie à plus de 11 000 personnes en Afrique de l'Ouest entre décembre 2013 et mars 2016.

Grâce à l'Union africaine, les pays ont pu se parler et se concerter, beaucoup de visio-conférences ont été tenues. Le Covid-19 a mis en évidence la nécessité d'échanges régionaux incitant les responsables politiques à démarrer rapidement l'accord de la zone de libre-échange continentale africaine. Mais, dans le même temps, des peurs ont été engendrées par ce nouvel accord, certains voulant résoudre, à leur façon, les difficultés créées par ce maudit virus en se protégeant sur leur territoire.

On a vu également apparaître des personnalités africaines peu connues du grand public. Sur le plan de la crise sanitaire, citons deux noms : Madame Matshidiso Moeti, responsable du département Afrique à l'Organisation mondiale de la Santé (OMS) qui n'a pas hésité à préconiser des mesures de confinement alors que celles-ci vont à l'encontre de la culture africaine et sont difficiles à appliquer ; ensuite John Nkengasong, virologue, responsable du Centre de contrôle et de prévention des maladies de l'Union africaine qui, dès le départ, a alerté nombre de chefs d'Etats africains sur les risques de propagation du virus. Ces deux personnalités, avec bien d'autres, ont participé aux bonnes prises de décisions des pays africains face à la pandémie.

Sur le plan économique, citons les quatre personnes qui ont été désignées, en avril 2020, par l'Union africaine et par son président en exercice, Cyril Ramaphosa, président de l'Afrique du Sud, afin de lutter contre les effets désastreux de la crise sanitaire. Ces quatre personnes sont des économistes chevronnés : Donald Kaberuka, Rwandais, ex-président de la Banque africaine de développement (BAD) ; Trevor Manuel, ancien ministre des Finances de l'Afrique du Sud ; le Franco-

Ivoirien Tidjane Thiam, ancien Directeur général du groupe Crédit Suisse ; et Ngozi Okonjo-Iweala, ancienne ministre des Finances du Nigeria, ancienne de la Banque mondiale qui sera nommée plus tard, en mars 2021, DG de l'Organisation mondiale de commerce. Cette équipe est chargée de proposer aux gouvernements et à l'Union africaine des mesures visant à contrer les dommages économiques liés au coronavirus.

On a aussi vu l'engagement de grands patrons Africains à l'image de la *Private sector Coalition Against Covid-19* créée par le milliardaire Nigérian Ali Dangote. Mais les gouvernements des pays africains, pour la grande majorité d'entre eux, disposent de marges de manœuvres budgétaires très limitées pour lutter contre la récession économique. En mars 2020, la Banque africaine de développement (BAD) a lancé une émission obligataire *Combattre Covid-19,* qui a reçu plus de 4,6 milliards de dollars de promesses. Le futur dira si ces promesses se sont concrétisées. De surcroît, l'accès aux marchés de capitaux risque de devenir plus onéreux. Quoi qu'il en soit, l'Afrique ne s'en sortira pas sans solidarité internationale.

Les effets de la pandémie ont mis l'accent sur le chômage, le plus grand problème de l'Afrique. Les prévisions de l'ONU, de l'Organisation internationale du Travail et de l'Union africaine, varient entre 20 et 50 millions d'emplois perdus en conséquence de la crise sanitaire. Au total ce sont peut-être beaucoup plus de 200 millions de chômeurs, ou plus exactement de « sans emploi », que compte le continent. La situation pourrait devenir explosive !

Que faire pour créer massivement des emplois ?

Chapitre 2

Les entreprises
Une impérieuse nécessité

Dans les pays développés, l'accès au travail est considéré comme un droit fondamental. Le sujet est régulièrement mis sur la table. Les responsables politiques s'offusquent du niveau de chômage trop élevé et les gouvernements allouent à ce fléau des fonds importants.

En Afrique, rien de tout cela. Il est pourtant urgent de mettre au travail les 200 millions de chômeurs qu'elle compte, d'autant plus que, d'ici 2050, vont arriver sur le marché du travail 580 millions de jeunes. Afin de résorber le chômage et fournir des emplois à ces nouveaux arrivants, l'Afrique devrait créer, chaque année, 20 millions d'emplois. La tendance, avant la crise de 2020, était à la création effective de seulement cinq millions de nouveaux emplois annuels. A l'horizon très proche de 2030, ce seront cent millions de chômeurs supplémentaires. Les pays africains doivent donc créer massivement et urgemment des emplois supplémentaires pour éviter le chaos.

Existe-t-il une industrie ? L'Afrique est-elle sur la voie de l'industrialisation ? Va-t-elle créer suffisamment d'emplois pour éviter un chômage de masse et des migrations incontrôlées ?

L'Afrique, un nain industriel

Les chiffres sont cruels. Il faut les regarder en face, sans détour. Au niveau mondial, l'Afrique ne représente que 3 % du PIB, 2 % du tourisme et 1 % de la production manufacturière. Tout cela pour un continent représentant 17 % de la population mondiale. Le PIB de l'Afrique toute entière est du même ordre de grandeur que celui de la seule France !

« L'industrie africaine ne génère que 700 dollars de PIB par habitant en moyenne, c'est-à-dire trois fois moins qu'en Amérique latine, et environ cinq fois moins qu'en Asie de l'Est », peut-on lire dans l'étude du cabinet Bearing Point d'octobre 2018 *Industrie en Afrique, les raisons d'un renouveau.*

Les services et l'industrie existent mais sont très peu développés. Il n'y a pas assez de grands groupes qui entraînent dans leurs sillons de nombreux sous-traitants et petites entreprises. Le chiffre d'affaires des 500 premières entreprises africaines est, bon an mal an, de 700 milliards de dollars annuels[1]. En comparaison, les seules huit premières sociétés françaises ont un chiffre d'affaires cumulé du même niveau.

Ces données expliquent clairement le faible nombre d'emplois en Afrique liés au secteur privé dans l'industrie, le commerce et les services. Bien entendu, les contrastes sont forts entre les pays. Ainsi, quatre pays, le Nigeria, l'Egypte, l'Afrique du Sud et l'Algérie représentent à eux seuls la moitié du PIB africain. Les deux mastodontes pour l'industrie sont l'Afrique du Sud et le Nigeria. La seule Afrique du Sud compte 36 entreprises classées dans les 50 premières africaines ! Mais, globalement, en termes d'emplois, le continent va très mal.

« L'industrialisation est le salut de l'Afrique. C'est le seul moyen de sortir le continent du sous-développement et de la

---

[1] Les 500 premières entreprises africaines. *Jeune Afrique*, 1er Juillet 2020

pauvreté. Et aussi de relever le défi du chômage, qui s'annonce plus prononcé avec l'arrivée de près de 580 millions de jeunes Africains sur le marché de l'emploi d'ici à 2050. » Cette déclaration a été faite par la Banque africaine de développement (BAD) en février 2018.

Ainsi, l'Afrique manque d'industries et d'entrepreneurs nécessaires pour faire décoller la croissance économique, créer des emplois et lutter contre l'extrême pauvreté. En Afrique subsaharienne, entre 2015 et 2019, la croissance économique annuelle n'a été que de 2,5 %[2] alors que dans le même temps l'évolution démographique, d'environ 3 % par an, lui a été supérieure ! Sur cette période, en moyenne, les populations se sont appauvries. Sur l'ensemble du continent africain, l'ONU indique qu'au cours des dix dernières années le PIB calculé par habitant a quasiment stagné. En comparaison, la croissance économique en Chine a été très largement supérieure. Après y avoir été longtemps autour 10 % par an, elle a été, ces dernières années, supérieure à 6 % par an. En pleine crise provoquée par le coronavirus, la Chine a réussi à ne pas entrer en récession. Sur une plus longue période, en Afrique subsaharienne, le pourcentage de pauvres (personnes vivant avec moins de 1,9 $ par jour) a diminué mais, compte tenu de la croissance démographique, le nombre de pauvres a lui augmenté, passant de 280 millions en 1990 à 410 millions en 2015. Le nombre de pauvres ne pourra être résorbé qu'en accélérant le développement économique. En 2030, si rien ne change, il est prévu que 90 % des pauvres du monde seront Africains ! L'Afrique n'est pas sur la bonne voie.

Est-il possible de créer des millions d'emplois dans l'industrie et les services ? Le Maroc, le Nigeria et l'Afrique du Sud l'ont fait. Le Nigeria l'a réalisé principalement avec la petite industrie. Certaines grandes entreprises africaines ont aussi très bien réussi.

---

[2] Document *Africa's Pulse* No 20. Groupe Banque mondiale, octobre 2019.

Malheureusement, les exemples sont trop rares et concentrés sur peu de pays. Ainsi, parmi les 500 premières entreprises africaines, 168 sont en Afrique du Sud et seulement 26 dans les pays d'Afrique centrale.

L'activité économique est encore trop centrée sur les matières premières (voir ci-après le paragraphe « Le poids des rentes »), pas assez sur les produits de consommation courante qui pourraient fort bien être produits sur place au lieu d'être importés, entre autres de Chine.

Pourtant de grandes entreprises africaines existent, certaines sont même des *success-stories*. Elles sont, malheureusement, peu nombreuses.

Ainsi, le groupe Dangote, créé et basé au Nigeria, qui porte le nom de son fondateur, est actif dans de nombreux domaines dont le ciment, le sucre, l'alimentation et l'immobilier. Ce groupe s'est développé et diversifié, devenant le plus grand groupe industriel multinational de l'Afrique subsaharienne. Il réalise cinq milliards de dollars de chiffre d'affaires annuel. Le ciment, avec lequel il a débuté, reste à ce jour sa principale activité. Plusieurs sociétés de ce groupe sont cotées à la Bourse de Lagos. Le groupe a su mobiliser plus de 15 milliards de dollars pour un projet titanesque, situé à Lekki aux environs de Lagos, dans les domaines des fertilisants et du raffinage du pétrole, avec routes et pipelines. Prévu à l'origine en 2019, le démarrage de l'exploitation pour l'activité raffinage, a été retardé par la complexité du projet. L'activité engrais sera entrée en service en 2021. Ces activités, raffinage et engrais, devraient à terme multiplier les revenus de ce groupe par cinq. Les montants colossaux investis dans des activités nouvelles devraient changer la donne. En effet, si le Nigeria produit et exporte du brut (c'est le premier producteur subsaharien), il importe des produits raffinés et des engrais. Ce projet devrait donc apporter au pays une certaine indépendance vis à vis de ces importations. C'est un pari extrêmement audacieux.

Compte tenu de l'ampleur du projet, des doutes sont apparus sur sa pertinence. La richesse personnelle du fondateur, Ali Dangote, première fortune africaine, est estimée en 2019, selon les sources, entre dix (Forbes) et seize (Bloomberg) milliards de dollars. C'est un homme d'une énergie débordante, un musulman pratiquant qui vit de façon austère. Il est critiqué pour ses liens très étroits avec les dirigeants nigérians et le relatif monopole qu'il détient dans certains secteurs, le ciment en particulier. D'ailleurs, il est opposé à l'accord de la zone de libre-échange africaine, sans doute pour protéger ses monopoles locaux. Il n'en reste pas moins qu'il a créé des milliers d'emplois dans son pays et hors des frontières. Il est aussi actif dans le financement d'actions caritatives. A titre d'exemple, Ali Dangote a voulu réunir, avec d'autres partenaires, 300 millions de dollars pour financer les actions de sa « Coalition du Secteur privé contre le Covid-19. » Il est régulièrement classé parmi les personnalités africaines les plus influentes par le magazine Jeune Afrique (second sur le classement 2020).

Baba Ahmadou Danpullo est un autre entrepreneur plus secret. Camerounais de l'ethnie Peul, sa fortune, environ un milliard d'euros, serait la plus importante de l'Afrique francophone, en tout cas la première du Cameroun. Il a commencé ses activités dans le petit commerce puis s'est orienté vers l'importation de produits agroalimentaires. Plus tard, il a cultivé du thé sur ses immenses terres de la zone anglophone dont il est issu. Baba Ahmadou Danpullo a ensuite exporté son thé et créé de nouvelles activités plus internationales dans l'immobilier, la téléphonie et les médias. Surnommé le « roi du thé », il possède deux centres commerciaux à Johannesburg et des biens immobiliers au Nigeria et même en France. Sa devise : « Les affaires n'aiment pas le bruit. » Il est donc très discret et peu connu du grand public. Cependant il est proche du milieu politique et finance d'ailleurs le parti de Paul Biya, président encore au pouvoir en 2021. Les activités qu'il a développées au

Cameroun et à l'international, essentiellement en Afrique, ont créé de nombreux emplois locaux.

A travers ces deux exemples, choisis parmi beaucoup d'autres, on veut montrer que des entreprises africaines à succès ont vu le jour depuis la décolonisation. La grande industrie a l'avantage de mieux rémunérer ses employés et d'avoir une productivité élevée, mais elle nécessite de lourds investissements et une formation technique du personnel. Encore peu nombreuses, les grandes entreprises africaines doivent impérativement se développer.

Cependant, ombre au tableau, les employés et cadres africains préfèrent les groupes internationaux aux entreprises africaines. Le cabinet de recrutement Global Career Company sonde chaque année des milliers de professionnels africains sur leurs perspectives d'évolution, leurs salaires et conditions de travail, afin de connaître le nom des entreprises qui les font rêver. Les sondés préfèrent la Banque mondiale et les grands groupes mondiaux tels Chevron, Axa ou Total. Seuls 30 % des groupes africains figurent parmi les sociétés en tête de ce classement.

Ce qui manque surtout, c'est la généralisation de la conception et de la fabrication locale de produits simples qui nécessitent des investissements modestes. Un trop grand nombre de ces produits sont aujourd'hui importés. Les petites entreprises ont un champ de développement immense.

Afin de mieux comprendre le tissu économique local des petites entreprises, regardons l'exemple d'une ONG, Antenna France, qui a des partenaires en Afrique francophone. Cette association, grâce à ses donateurs, conçoit, finance et fait construire des fermes locales de production de spiruline. Cette microalgue, aux qualités hautement nutritives, est utilisée pour combattre la malnutrition des enfants. Elle peut aussi être consommée par des personnes bien portantes qui prennent soin de leur santé. Produite dans des bassins on récolte journellement.

Le personnel, employé par le partenaire local, est formé par l'ONG à la production de spiruline. Une partie de la production (environ 30 %) est distribuée gratuitement aux enfants malnutris (mission humanitaire) et le reste de la production est vendu sur le marché local (mission économique)[3]. Les ventes de spiruline permettent au partenaire local d'atteindre, au bout d'un certain nombre d'années, son autonomie financière. Afin de vendre la spiruline dans les pharmacies ou magasins, un conditionnement particulier en sachets est nécessaire : étanchéité des sachets, pour éviter à l'humidité de détériorer la spiruline, opacité aux rayons solaires pour prévenir la dégradation et étiquetage qui ne se ternit pas dans le temps. Ces caractéristiques de conditionnement permettent au produit d'avoir une date de péremption suffisamment lointaine. Pour le Mali et le Niger, où Antenna est en partenariat avec des organisations locales, a été conçu un conditionnement semblable et une marque commune. Compte tenu des conditions techniques imposées, relativement simples, Antenna n'a pas trouvé (encore) localement de fournisseur de sachets et étiquettes répondant aux critères de qualité requises. Des fournisseurs existent, mais loin du lieu d'utilisation ou avec une qualité insuffisante. En conséquence de quoi, les sachets et étiquettes sont achetés en Ukraine. Le marché des conditionnements du type de ceux utilisés par Antenna France est pourtant important. Renseignements pris, la machine utilisée en Ukraine vaut environ cent mille euros. Si cet investissement est modeste pour une grande entreprise, il est trop lourd pour une petite entreprise locale africaine. Voilà un exemple de produits (sachets et étiquettes), avec des technologies accessibles, qui pourraient être fabriqués sur le marché local, si des entrepreneurs s'y intéressaient et en avaient les moyens. Des cas de ce type se comptent par milliers. Le champ de développement des petites entreprises est ainsi très vaste.

---

3 La double mission d'Antenna France, association Loi 1901, a été « inventée » par son fondateur Denis von der Weid, actuel président de la Fondation Antenna basée en Suisse.

L'économie africaine n'est pas assez inclusive. Le PIB du continent est encore trop dépendant des matières premières. En conséquence une augmentation d'un point de PIB africain ne génère que 0,41 % d'accroissement de l'emploi (période 2000-2014)[4]. Le nombre d'emplois augmente ainsi moins vite que la population active. Le chômage s'accroît ! Il est urgent que l'Afrique s'industrialise.

Le poids des rentes

« Les richesses africaines en minerais et hydrocarbures constituent les principaux freins au changement. Trop de rentes en découlent, que peu veulent voir se tarir. » Ce propos, sans doute un peu provocateur, a été tenu dans le journal *Les Echos* en mars 2018 par Thierry Vircoulon, chercheur associé au Centre Afrique subsaharienne de l'IFRI (Institut Français des Relations Internationales). Il pose le sujet.

L'Afrique est riche de matières premières, on y trouve 20 % de l'or mondial, 55 % des diamants, plus de 80 % du platine et du chrome. Les minerais, (uranium, cuivre, cobalt, etc.) représentent 30 % des réserves mondiales. Le pétrole et le gaz génèrent des revenus importants pour certains pays. Sur les quatorze pays membres de l'OPEP, sept sont africains. Toutes ces ressources naturelles sont exploitées depuis longtemps. Durant la période de la colonisation, ces matières premières ont principalement été exportées vers les métropoles. Des infrastructures, routes et ports, ont été construites pour les transporter. Une industrie lourde est ainsi apparue mais peu créatrice d'emplois locaux. Au fur et à mesure des années, les gouvernements ont logiquement et légitimement augmenté le montant des droits d'exploitation, impôts, royalties et autres rentes liées à l'exploitation de ces matières premières. Ces montants ont souvent été utilisés par les gouvernements pour

---

[4] Perspectives économiques en Afrique 2019, Banque africaine de développement

leurs coûts de fonctionnement et non pas pour des investissements dans la création d'emplois locaux.

En première approche, on pourrait penser que posséder des matières premières sur son sol est un avantage important. Cependant, certains auteurs parlent au contraire de la « *malédiction des matières premières* », ou du « *paradoxe de l'abondance* » démontrant que certains pays bénéficiaires de ressources importantes et utilisant mal les revenus qui y sont liés, en particulier dans le domaine pétrolier, avaient des taux de croissance inférieurs à ceux des pays n'en bénéficiant pas. Pourtant l'exploitation des matières premières constitue souvent, pour les pays concernés, une source importante de devises et recettes fiscales. Mais ces ressources naturelles, mal utilisées ou mal distribuées, peuvent avoir une incidence négative sur la performance économique et sur la gouvernance.

Autre inconvénient : les revenus des pays possédant des matières premières sont trop liés à leurs cours mondiaux parfois erratiques. Ainsi, le niveau du PIB de certains pays est dépendant de ces ressources et donc soumis à des aléas. La moitié de la richesse de l'Algérie est liée aux hydrocarbures. Ce pays a globalement bien utilisé ses revenus, mais il ne s'en est pas beaucoup mieux sorti que la Tunisie qui possède peu de ressources naturelles. En effet, le PIB d'un Algérien est de 4 200 dollars et celui d'un Tunisien de 3 800 dollars. Mais l'Algérie est quand même le mieux classé des pays africains sur l'indice de développement humain (IDH). Pour le Gabon, les hydrocarbures représentent 80 % de ses exportations et 60 % de ses recettes fiscales. Le PIB d'un Gabonais est de 8 500 euros, ce qui le classe parmi les plus riches d'Afrique. Mais les inégalités y sont encore trop fortes et son économie est presque exclusivement liée aux énergies fossiles. En Angola, malgré des rentes pétrolières importantes, 70 % des habitants sont pauvres.

La situation de la République Démocratique du Congo (RDC) est encore plus accentuée. Ce pays possède de nombreuses réserves naturelles : charbon, cobalt, cuivre, forêts tropicales, etc. Il détiendrait aussi 10 % des réserves mondiales d'or. Mais toutes ces ressources sont peu et mal exploitées. Celles-ci sont aux mains d'opérateurs souvent corrompus et de firmes internationales parfois peu scrupuleuses. Une gouvernance qui laisse à désirer, des guerres incessantes et une démographie galopante n'ont pas permis à ce pays de décoller. Son économie reste très agricole. Le PIB par habitant de 500 dollars est l'un des plus bas au monde. Le taux de pauvreté y est très élevé. Cependant des lueurs d'espoir apparaissent. Ces dernières années, la croissance économique s'est amplifiée (plus de 5 % par an avant le Covid-19) et les exportations de cuivre ont augmenté. La RDC a signé des accords très importants avec la Chine qui exploitera des matières premières et, en contrepartie, construira des infrastructures financées par la RDC. Mais attention aux accords dissymétriques ...

La Guinée équatoriale est un exemple presque caricatural. Ce petit pays de deux millions d'habitants, situé entre le Gabon et le Cameroun, est devenu, grâce à des découvertes récentes d'hydrocarbures, un émirat africain. Son PIB par habitant, d'environ 10 000 dollars, est le plus élevé du continent. Avec l'argent du pétrole, qui constitue les trois quarts de ses revenus, la Guinée équatoriale s'est lancée dans la réalisation de nombreuses infrastructures, ponts, ports, routes. Elle a engagé la construction de la très coûteuse nouvelle capitale, Oyala, en pleine forêt tropicale, pour remplacer la capitale actuelle, Malabo. Mais la richesse est très mal répartie. La moitié de la population vit sous le seuil de pauvreté et n'a pas accès à l'eau. Quatre enfants sur dix ne vont pas à l'école primaire et la démocratie fonctionne mal. Le président, Teodoro Obiang Nguema Mbasogo, est en poste depuis quarante ans ! Si les matières premières ont considérablement accru la richesse du pays, celles-ci bénéficient à la classe dirigeante et non pas à la population qui reste pauvre et souffre d'un système éducatif défaillant. Le fils du président, Teodoro Nguema Obiang

Mangue dit Teodorín a défrayé la chronique par son niveau de vie et ses dépenses somptuaires en France, en Espagne et aux Etats-Unis. Il a été condamné dans plusieurs pays dont la France pour des *Biens Mal Acquis*. On peut quand même observer que ces dernières années, sous l'impulsion de la communauté internationale, le gouvernement a fait des efforts pour faire évoluer la situation. Malgré cela, ce pays, d'après l'indice de gouvernance des ressources naturelles, dans le classement subsaharien, est toujours noté, en 2019, comme défaillant (29eme/31). La Guinée équatoriale, malgré ses matières premières, reste encore très inégalitaire et peu démocratique.

Fort heureusement, tous les pays africains ne subissent pas la malédiction des matières premières. Un petit pays, le Botswana, deux millions d'habitants, qui possède d'importantes réserves de diamant et aussi d'autres matières premières, avec un PIB de plus de 8 000 dollars par habitant, est un exemple de bonne gouvernance. Il y a trente ans, ce pays était l'un des plus pauvres du monde. Les rentes ont été investies depuis lors dans l'éducation, l'accès à l'eau, les infrastructures, l'amélioration de l'Etat de droit etc. Son indice de développement humain est devenu l'un des plus élevés d'Afrique.

Le Maroc a peu de ressources naturelles à l'exception du phosphate qui est l'un des seuls minerais dont il bénéficie en quantités importantes. En 1920, le Maroc a créé l'Office chérifien des phosphates, compagnie nationale visant à exploiter et commercialiser le phosphate. Des évolutions progressives ont transformé l'Office en Société Anonyme (OCP Group) qui fonctionne donc comme toute entreprise privée mais dont le principal actionnaire reste l'Etat avec 95 % des parts. Cette transformation en société anonyme lui a permis d'emprunter sur le marché et de se développer à l'international. OCP n'est pas resté dans la seule exploitation du minerai (roche de phosphate). Il s'est diversifié dans la production d'acide phosphatique et d'engrais NPK dont le phosphate (P) est un constituant essentiel avec l'azote (N) et le potassium (K). Depuis 2008, OCP a investi plus de huit milliards de dollars pour se développer, créant ainsi de nombreux emplois au Maroc. Les phosphates et ses dérivés représentent un quart des exportations du pays. Et ce n'est pas fini. Le Maroc, second producteur de phosphates au monde derrière la Chine et devant les Etats-Unis, détient 70 % des réserves.

OCP exporte des engrais dans beaucoup de pays d'Afrique subsaharienne. Ses exportations sont aussi orientées, pour la roche de phosphate, vers le marché des Etats-Unis qui représente plus de 30 % de son activité. Avec un chiffre d'affaires annuel de cinq milliards d'euros, OCP, première entreprise marocaine et 25éme entreprise africaine, emploie plus de 20 000 personnes. Ce groupe contribue, à lui-seul, à 4 % du PIB marocain. L'Office chérifien de phosphates, devenu OCP, a brillamment développé la filière phosphate et évité la *malédiction des matières premières* !

Quelques rares pays, comme l'Afrique du Sud, grâce à leurs ressources naturelles ont pu développer une industrie locale à partir de l'activité attachée à l'activité productive de ces ressources naturelles.

Si tous les pays possédant des ressources naturelles ne subissent pas le paradoxe de l'abondance, il apparaît clairement que l'économie africaine est trop liée à ses matières premières.

Le développement économique du continent proviendra plus de la création d'emplois dans l'industrie et les services que des ressources naturelles (minerais et pétrole). La mécanisation et la robotisation diminuent le nombre d'emplois dans ce secteur. A titre d'exemple, l'Afrique du Sud doit maintenant faire face à la reconversion de ses mineurs. Les emplois de demain, pérennes et durables, seront dans l'industrie et les services, qui permettront l'emploi des populations du bas de la pyramide.

L'économie informelle

Dans tous les pays du monde, quelle que soit l'organisation économique, existe une économie informelle. Emplois clandestins, charges salariales non payées aux organisations étatiques, travaux non déclarés au fisc, etc. Dans certains pays développés de l'OCDE elle peut concerner jusqu'à 20 % de l'activité. En Afrique, l'économie informelle atteint des niveaux sidérants. Ce sont 80 % des emplois qui seraient touchés !

Les emplois informels sont définis par l'Organisation internationale du Travail (OIT) comme des emplois non contractuels, non réglementés et qui ne donnent pas accès à la protection sociale. Les personnes les plus concernées par l'économie informelle sont les ruraux et ceux qui n'ont pas fait d'études.

Quel est l'impact du secteur informel sur le calcul du chômage ?

L'OIT inclut les emplois du secteur informel dans les statistiques. Ainsi, le taux moyen de chômage pour l'ensemble des pays africains serait de 7,9 %. L'OIT considère qu'un travailleur de l'agriculture familiale, qu'un auto entrepreneur ou qu'un vendeur de rue ont un emploi au même titre qu'un salarié du secteur privé formel ou qu'un employé de l'administration. Du fait de ce calcul, pour le Niger le taux de chômage est inférieur à 1 %. Le Niger, l'un des pays les plus pauvres d'Afrique, serait en plein emploi ! Chacun sait que ce n'est pas le cas et personne n'immigre au Niger pour y trouver un emploi. Les Nigériens sont obligés, en grande majorité, de se satisfaire d'emplois précaires très mal rémunérés car très peu d'emplois salariés réguliers existent. Sans illusions, ces travailleurs précaires du secteur informel ne recherchent pas officiellement d'autres emplois. Bien entendu, ce pays n'est pas dans une situation de plein emploi, l'indice de précarité y est, sans surprise, de 80 %.

Sur le même mode de calcul statistique, l'Afrique du Sud, l'un des pays les plus riches du continent, a un taux de chômage de 30 %. Ce pays a une ancienne tradition dans l'industrie et les services. Les salariés ont accès à de vrais emplois rémunérés aussi bien dans l'administration que dans le secteur privé. Peu de Sud-Africains se satisfont, à juste titre, d'emplois précaires qui représentent d'ailleurs seulement 10 % du marché du travail. Un chômeur assume donc sa position et espère retrouver un emploi formel. L'existence de vrais emplois dans ce pays fait que de nombreux candidats d'autres pays émigrent en Afrique du Sud.

L'estimation du nombre d'emplois décents à créer relève d'un exercice difficile. Un document de la Banque africaine de développement [5] indique que le taux de chômage est « un médiocre indicateur de la croissance et des performances économiques car il correspond aux structures des économies avancées ».

Dire qu'il y aurait 200 millions de chômeurs, ou plus exactement de travailleurs sans emploi, est certainement encore en dessous de la réalité surtout après la crise du Covid-19. La Banque africaine de développement affirme : « L'Afrique a un problème d'emploi avant d'avoir un problème de chômage ».

Pour revenir maintenant au secteur informel, il faut préciser que « informel ne veut pas dire inorganisé ou chaotique : certains secteurs sont très hiérarchisés, structurés et fonctionnent tout simplement en parallèle des Etats et des systèmes institutionnels, avec leurs propres codes et leurs règles[6] ».

On peut également citer un extrait de l'Edito de la revue Archipel&Co en juin 2020 : « Avant tout une stratégie de survie et un moyen de subsistance pour les travailleurs pauvres,

---

[5] *Création d'emplois décents*. Groupe de la Banque africaine de développement. Septembre 2019

[6] Patrice Fonlladosa, dans *New African-Le magasine de l'Afrique*, 20 décembre 2019

l'informalité est aussi une source de créativité, un bouillonnement d'idées, de stratégies de débrouille : une source d'activité économique et de croissance. Ces travailleurs et entreprises informels, les plus terriblement touchés par la crise, les plus vulnérables aux aléas économiques, sont aussi les moteurs du redémarrage de demain[7]. »

Le terme « débrouille » n'est pas péjoratif. Les pauvres, en mode survie, sont parfois très créatifs. On parle de *good enough innovation*. Ils peuvent astucieusement trouver, ici ou là, une activité leur permettant de survivre. Cette économie informelle permet aussi, en partageant les revenus, le développement d'une solidarité familiale ou de groupe. Il est intéressant de noter également que ces « petits boulots » ont permis de déployer, avant l'heure, l'économie circulaire. On ne remplace pas les objets, on les répare, donc on jette moins, que ce soient les téléphones portables, les appareils ménagers, les automobiles, les vêtements ou les chaussures. Ces travailleurs sont devenus de vrais experts en recyclage, prêts à agir dans le cadre de l'économie formelle.

Ces aspects positifs ne doivent pas être pour les responsables politiques un prétexte de s'extraire de leurs responsabilités pour sortir de l'économie informelle. Celle-ci est en effet pénalisante : économie parallèle, pertes de recettes fiscales et sociales, manque de protection des employés, absence de données et de statistiques, etc.

L'impact sur les recettes fiscales est considérable. En Afrique, le ratio du montant des recettes fiscales (impôts, taxes et charges sociales), rapporté au PIB, est en moyenne de 17 % (26 pays étudiés)[8]. Dans les pays riches de l'OCDE, cette moyenne est du double (34 %). Les recettes fiscales en Afrique sont donc très insuffisantes pour que les Etats accomplissent leurs missions.

[7] David Ménascé, directeur général d'Archipel&Co

[8] *Statistiques des recettes publiques en Afrique, 2019.* Document Union africaine-OCDE

Les écarts entre les pays sont très importants. Les recettes fiscales sont de 6 % du PIB au Nigeria et de 28 % en Afrique du Sud. Ce dernier n'est donc pas très loin des pays de l'OCDE. Le Nigeria bénéficie de recettes non fiscales de son industrie pétrolière, mais le poids du secteur informel dans ce pays industriel reste très fort.

Certains pays sont très impactés. Au Mali, 300 000 jeunes arrivent chaque année sur le marché du travail. L'Etat perd la trace de 200 000 d'entre eux. Ceux-ci n'ayant pas trouvé un emploi se sont orientés vers l'économie informelle. Un technicien diplômé devient chauffeur de taxi non déclaré, grâce à un don familial pour acheter sa voiture. Un autre, qui espérait devenir soudeur, vend sur les marchés les légumes cultivés sur son lopin de terre. Ces jeunes qui ne trouvent pas d'emplois passent ainsi en mode « survie ». Certains, malheureusement trop rarement, réussiront et entreront dans l'économie formelle.

Les grands groupes internationaux présents en Afrique agissent, bien entendu, dans le cadre réglementaire. Ces grands groupes paient leurs charges sociales (sécurité sociale et retraites), leurs impôts et leurs taxes. Les grands groupes africains évitent l'aventure de l'économie informelle, mais qu'en est-il de certaines de leurs filiales et de leurs sous-traitants ?

Les Etats, manquant de ressources du fait de l'économie informelle ont, de temps à autre, tendance à résoudre leur équation budgétaire en accroissant la taxation des grands groupes internationaux, ce qui, parfois, a un effet contraire sur l'emploi décourageant l'investissement. La société française Orange est très implantée en Afrique. Présente dans 21 pays avec 21 000 salariés et plus de 120 millions de clients, elle a ainsi dû quitter le Niger en 2019 à la suite d'une surtaxation de l'entreprise. Il faut dire que le Niger avec un ratio de 5,7% d'impôts ramené au PIB est le pays africain qui a le moins de recettes fiscales.

Le secteur informel, qui fait l'objet d'études et d'analyses par les organismes internationaux, n'est pas assez abordé par les gouvernements africains et les parties prenantes. Personne n'est confortable avec ce sujet pourtant majeur. Quelques rares colloques y sont consacrés. Il est vrai que le sujet est complexe et qu'il ne peut être résolu uniquement par des mesures administratives ou punitives.

Les travailleurs de l'économie informelle ne sont pas des tricheurs, c'est une option qu'ils ne choisissent pas, ils la prennent par défaut. Ils sont pauvres, souvent non diplômés et ne trouvent pas d'emploi dans l'économie formelle. Pour eux, l'accès à l'économie informelle est la condition de survie. Des commerçants, artisans, mécaniciens, plombiers, maçons, chauffeurs de taxis et d'autres créent une activité non déclarée et clandestine simplement pour survivre.

Cette économie parallèle touche aussi de nombreuses organisations de taille modeste. A titre d'exemple, les ONG qui interviennent sur le terrain en collaboration avec des partenaires locaux sont souvent confrontées à ce sujet. Si elles demandent à leurs partenaires locaux de déclarer leurs travailleurs « clandestins », il faut alors payer les charges correspondantes posant un problème d'équation économique. Si elles ferment les yeux, elles acceptent en conséquence ce système. Un vrai dilemme à défaut d'abandonner leur mission.

Les entrepreneurs locaux, surtout les micro-entrepreneurs, sont très souvent concernés par ce problème. Beaucoup d'entre eux font directement partie de l'économie informelle. Leurs entreprises ont des productivités très faibles et, n'ayant pas d'existence légale, ne peuvent avoir accès au crédit, ce qui empêche leur développement. L'argent circule de main en main, hors des banques et autres circuits officiels, en particulier hors fiscalité. Certaines entreprises du secteur formel, qui se sont donc déclarées, peuvent faire appel à quelques employés ou sous-traitants non déclarés et participent ainsi indirectement au secteur informel. Notons que la faiblesse du secteur bancaire (65% de la population africaine n'y a pas accès) n'incite pas les acteurs économiques à sortir du secteur informel.

Il faut souligner que l'importance du secteur informel est la conséquence directe du manque d'emplois dans le secteur formel. C'est une véritable « soupape » économique sans laquelle les pays seraient encore plus pauvres. Les gouvernements restent prudents et timides face à cette problématique du « travail au noir ». Il ne s'agit donc pas de punir, mais d'accompagner la transition nécessaire. Certains pays le font. Le Rwanda a mis en place des mesures incitatives en aidant les petits entrepreneurs à établir une comptabilité et en leur prélevant de faibles taxes. Au Maroc, le ministère intitulé des « Petites Entreprises et de l'Intégration du secteur informel » démontre la volonté de ce pays de traiter le sujet. Ce ministère est dirigé par Mamoune Bouhdoud, jeune ministre, ancien cadre supérieur du secteur privé international. Il sait de quoi il parle.

Malgré les efforts de ces pays et de quelques autres, l'économie ronge les recettes des Etats.

« Pour éviter le piège de l'informalité et le chômage chronique, l'Afrique doit s'industrialiser[9]. » Y a-t-il en Afrique un marché capable d'engendrer une activité industrielle créatrice d'emplois ?

Les classes moyennes

Les personnes aptes à consacrer une partie de leurs revenus à des achats de confort ou premium appartiennent aux classes moyennes. Les pauvres (moins de deux dollars par jour) consacrent la totalité de leurs faibles revenus à survivre par des achats de première nécessité. Les pauvres représentent environ 60 % de la population africaine.

---

[9] *Perspectives économiques en Afrique 2019.* Banque africaine de développement, page 4.

Existe-t-il une classe moyenne en Afrique ? De nombreuses études ont été consacrées à ce thème qui fait l'objet de débats animés entre les institutions internationales et les centres de recherche. Les travaux de la Banque africaine de développement (BAD) ont posé le sujet. Une étude[10] assez ancienne, qui a eu un retentissement notable, a estimé que les personnes de la classe moyenne (milieu de la pyramide) sont celles qui possèdent un revenu compris entre 2 et 20 dollars par jour. Elles seraient environ 370 millions, soit un quart de la population africaine. Cependant, les revenus de cette population ne sont pas uniformément distribués, 60 % de ceux-ci étant inférieurs à quatre dollars par jour. Ces personnes ne sont pas classées parmi les pauvres mais dans la catégorie vulnérables (*Floating Class*). Ainsi, entre les pauvres, majoritaires, et la classe aisée, minoritaire, il existe donc bien une classe moyenne ayant du pouvoir d'achat.

En 2018, le groupe Unilever, pour des raisons que l'on imagine aisément, a fait réaliser une étude par l'institut Ipsos sur dix grandes métropoles africaines. Cette étude détermine que la classe moyenne perçoit en moyenne 15 dollars par jour et représente entre 10 et 20 % de la population des pays étudiés. Ce sont des consommateurs qui vivent dans des ménages composés de trois à quatre personnes. Cette étude analyse aussi le comportement de ces consommateurs vis-à-vis des grandes marques internationales. En général, ces acheteurs les connaissent et consomment leurs produits, mais parfois s'en méfient comme d'un symbole de dépendance.

Une autre étude diligentée par la start-up Fraym, qui se définit comme « la plateforme la plus puissante pour comprendre les habitants du continent africain », mobilisant des techniques de géolocalisation et de *cloud computing* (services informatiques

---

10 *The Middle of the Pyramid. Dynamics of the Middle class in Africa.* Banque africaine de développement, avril 2011.

via internet), a pris en compte le patrimoine et le niveau d'éducation des ménages, étudiés au travers d'images satellitaires et de sondages. Cette étude estime que la classe moyenne africaine est composée de 330 millions de personnes et révèle que la très grande majorité d'entre elles résident dans seulement 20 pays. Parmi les premiers pays en nombre de personnes appartenant à la classe moyenne, on trouve l'Égypte, le Nigeria, l'Afrique du Sud, le Maroc et l'Algérie. Concentrée dans quelques pays, la classe moyenne africaine vit très majoritairement dans les grands centres urbains. Ainsi, la classe moyenne de la République démocratique du Congo, pays pauvre, est peu importante. Mais sa capitale Kinshasa, 15 millions d'habitants au niveau de l'agglomération, se place juste derrière Le Caire, Lagos et Johannesburg pour l'importance des marchés de consommateurs urbains.

Il faut préciser que toutes ces études parlent de revenus par individu. Un revenu de quatre dollars par jour et par personne peut faire, au niveau d'une famille de cinq personnes, un revenu mensuel de 600 dollars, laissant une part pour des dépenses autres que le strict nécessaire.

Au total, on pourrait définir les classes moyennes comme celles qui vivent généralement en centres urbains, disposent d'un logement, d'accès à l'eau et à l'électricité, dont les enfants vont à l'école et dont au moins un membre de la famille a un emploi hors secteur informel. Ceux-là ont un pouvoir d'achat pour acquérir des biens ou services en sus des besoins essentiels. Cette classe moyenne se développe d'année en année. De surcroît, elle a un effet entraînant. Une étude d'Ipsos[11] de 2018, rédigée en anglais par sa branche américaine, indique : « Malgré les défis continus, ceux qui appartiennent à la classe moyenne africaine se caractérisent par leur fort sentiment de positivité et d'espoir. »

---

[11] « *African Lions : Who are Africa's rising middle class* ? » Ipsos View, février 2018.

Qu'achète cette classe moyenne ? Des produits de première nécessité presque toujours issus du marché local et aussi des produits, biens, services ou équipements de confort souvent importés d'Europe ou de Chine, cette dernière augmentant chaque année ses exportations vers l'Afrique. Notons au passage que le commerce avec la Chine a déjà atteint, en valeur, la moitié de celui avec l'Europe alors que les liens Europe-Afrique sont bien plus anciens. La Chine n'exporte pas seulement des biens industriels, mais aussi des biens de consommation transportés, en particulier, grâce aux infrastructures qu'elle a construites et financées en Afrique (routes, voies ferrées, ports), pour importer chez elle des matières premières africaines. Ces infrastructures financées avec des prêts chinois sont utilisées à l'envers pour les importations de produits chinois. C'est ce que faisaient les Européens dans les années 60. On trouve ainsi, par exemple, sur les marchés du Niger, des casseroles, couverts, brosses à dents, chaussures à bas prix importés de Chine.

Nombre de ces produits arrivés d'Europe et de Chine pourraient être fabriqués sur place par des entreprises africaines. La classe moyenne africaine, par ses demandes concrètes à l'accès aux marchés, est une clé essentielle du développement du secteur privé local.

Pour développer les petites et moyennes entreprises en Afrique, il faut des financements.

Quels financements pour les entreprises ?

Il y a un besoin urgent d'emplois dans l'industrie, les services et le commerce. Comment faire pour développer le secteur local productif ? Avec quels financements ? Regardons les flux financiers (transferts) qui convergent vers l'Afrique.

L'aide publique au développement (APD) allouée par les pays développés aux pays en développement listés par l'OCDE est, au niveau mondial, d'environ 160 milliards de dollars par an.

L'Afrique bénéficie d'environ 30 milliards par an. Les montants attribués à l'Afrique stagnent depuis 2013, à contre-courant de ce qu'il faudrait faire. Compte tenu du nombre de pays les moins avancés (PMA) en Afrique, ce continent devrait logiquement bénéficier d'une plus grande part de ces fonds. Notons que depuis quarante ans les pays riches ont promis de consacrer 0,7 % de leur richesse aux pays pauvres. Actuellement, avec 160 milliards de dollars d'aide au développement c'est environ 0,5 %. Il reste encore beaucoup du chemin à faire pour accomplir la promesse.

A quoi est destinée l'aide au développement ? Généralement à de grandes infrastructures (routes, eau, hôpitaux etc.), à des projets énergétiques (centrales solaires, centrales à énergie fossile), à des financements d'études etc. Malheureusement, seuls de faibles montants s'orientent vers des financements dans l'industrie. Bien sûr, des emplois sont créés par la construction de grandes infrastructures, mais ces emplois ne sont pas durables. A contrario, les projets dans l'industrie créent des emplois locaux pérennes.

L'aide publique au développement est d'ailleurs controversée. Jeffrey Sachs, universitaire américain, nommé il y a longtemps, à plusieurs reprises, « homme de l'année » par le magazine Times, soutient la thèse d'une aide internationale massive et utile dans son ouvrage, paru en 2006, *La fin de la pauvreté*. Il y défend le besoin de fonds internationaux accrus pour accélérer la sortie de la pauvreté de plus d'un milliard d'habitants.

William Esterly, universitaire américain reconnu, avait critiqué l'aide internationale dans un livre paru aussi en 2006, *Le fardeau de l'homme blanc*. Cet ouvrage est une virulente critique des thèses de Jeffrey Sachs car ces fonds importants ne donnent pas les effets positifs attendus. Il pointe, en particulier, que les montants de l'aide transitent à travers des gouvernements (ou des structures gouvernementales) peu performants.

Sur la même idée, Dambisa Moyo a déclaré, en 2009, que « l'aide publique donnée à l'Afrique constitue une rente ». Diplômée de Harvard et Oxford, ancien cadre de la Banque mondiale, elle a fait part de son point de vue dans son livre *L'aide fatale*. Selon son analyse, l'aide publique est mal utilisée et ne permet pas aux pays récipiendaires de sortir de la pauvreté.

Plus récemment, en octobre 2016, Cheickna Bounajim Cissé, économiste Malien a déclaré dans le HuffPost : « L'Afrique ne peut pas continuer à tendre la main ad vitam aeternam. L'aide a ses limites. Aucun plan de développement crédible et pérenne ne peut reposer principalement sur ce modèle au risque de secréter l'assistanat, la pauvreté et la misère dans le pays adressé. »

Ces controverses se sont calmées, cependant elles n'ont pas été tranchées. C'est peut-être l'une des raisons pour lesquelles l'aide publique au développement stagne à 0,5 % de la richesse des pays développés.

De plus en plus, des voix s'élèvent pour remplacer l'aide publique au développement par des investissements dans les projets. Tony Blair, qui conseille nombre de chefs d'Etat africains, a déclaré en juin 2020 : « L'Afrique veut prendre en main son destin en étant beaucoup moins tributaire de l'aide extérieure. »

Quoi qu'il en soit, l'aide au développement est un don que l'on ne rembourse pas ou un prêt à des conditions très avantageuses. Les pays donateurs mettent des conditionnalités à cette aide, qui en concertation avec les bénéficiaires, peuvent l'orienter vers des objectifs choisis. Aucun pays ne devrait faire reposer son développement sur l'unique source de l'aide. Certains pays pauvres en deviennent addicts. D'ailleurs pourquoi appeler ces transferts de fonds « aide ». Le FMI va même jusqu'à appeler ces fonds « Lutte contre la pauvreté ». C'est mal nommer les choses. Ces transferts devraient n'avoir qu'un seul but : accélérer le développement des pays qui les reçoivent.

De ces débats et controverses, on peut tirer deux enseignements. D'abord, il est clair que des progrès doivent être faits sur l'affectation et le contrôle de l'argent versé pour des projets qui sont au final financés par les contribuables des pays riches. Ensuite, si une part importante de l'aide publique au développement doit effectivement contribuer à la lutte contre la pauvreté, une autre part devrait aller vers les projets créateurs d'emplois locaux, ce qui est une autre façon essentielle de combattre la pauvreté. Malheureusement, l'aide publique au développement, même si elle est nécessaire, reste encore très peu orientée vers l'industrialisation de l'Afrique.

Dans son rapport de 2019, le CNUCED (Conférence des Nations Unies pour le Commerce et le Développement) signale que 45 % des crédits accordés vont à l'éducation et à la santé. Les montants alloués aux infrastructures et aux circuits économiques représentent seulement 14 % alors que ceux-ci créent des emplois. Le rapport précise : « une aide bien orientée permet de créer des emplois durables. L'activité génère plus de recettes fiscales, qui, à leur tour, permettent d'investir davantage dans des services sociaux par exemple. » Le rapport continue ainsi : « il faut mettre en place des filières économiques capables de générer de la valeur pour créer des emplois pérennes. »

Bien sûr, surtout en période de crise sanitaire, tout le monde peut être satisfait du fait que l'éducation et la santé recueillent la plus grosse part de l'aide. Mais une aide davantage orientée vers le développement économique permettrait la création de plus d'emplois durables.

Pour être complet, il faut ajouter à ces flux financiers ceux de l'aide privée, en particulier des ONG et fondations comme celle de Melinda et Bill Gates. On peut considérer que l'aide privée au développement est d'environ un tiers de l'aide publique au développement. Cette aide privée est donc très importante. Elle est souvent orientée vers la santé et la lutte contre l'extrême pauvreté.

Les investissements directs de l'étranger (IDE) constituent la seconde source de financements. Ces montants sont investis localement par le secteur privé, sur des projets choisis par les investisseurs, qui en attendent logiquement un retour. Ils doivent donc créer de la valeur et être rentables. Les montants globaux des investissements étrangers pour l'Afrique sont de l'ordre de 50 milliards de dollars par an (50 en 2018, 45 en 2019, moins en 2020 pour cause de Covid-19). Au niveau mondial, les entreprises investissent à l'extérieur de leurs frontières un total de 1 500 milliards de dollars par an (chiffre 2019). Pour l'Afrique, c'est donc moins de 3 % des montants mondiaux qui y sont investis (en baisse par rapport à 2018). La moitié est captée par l'Afrique du Nord, laissant fort peu à l'Afrique subsaharienne bien plus peuplée. C'est très nettement insuffisant. A titre de comparaison, en 2018, les montants investis sur le continent sont équivalents à ceux investis dans la seule Espagne ! L'Amérique latine en recueille trois fois plus.

Quels pays investissent en Afrique ? En valeur de stock d'investissement, la France est la seconde nation derrière les Pays-Bas. L'ensemble des pays européens est très loin devant les Etats-Unis et la Chine.

Ces flux d'investissements vers l'Afrique sont alloués à des projets dans les mines, les ressources naturelles, l'industrie, les usines, les services, l'acquisition de terrains et sols etc. Ces investissements sont principalement destinés à la grande industrie. Ils ne sont que faiblement orientés vers les PME et PMI dont l'intensité de main d'œuvre est supérieure. Le Covid-19 a impacté ces chiffres déjà insuffisants. L'ONU prévoit, au niveau mondial, une baisse des IDE de 40 % sur la période 2020-2021 dont une baisse de 25 à 40 % pour l'Afrique, qui a déjà la portion congrue.

« Pour se transformer, l'Afrique a besoin d'investissements, pas d'aide financière. » Ce propos a été tenu par Akinwumi Adesina, patron de la Banque africaine de développement.

Malheureusement, les montants investis sont clairement insuffisants pour industrialiser le continent. L'Afrique, aux yeux des investisseurs, représente encore un risque important, accentué depuis 2020 par le coronavirus. Pour beaucoup de pays, les risques monétaires et politiques sont trop élevés, surtout lorsque associés à l'instabilité juridique, à l'insécurité et au manque de main d'œuvre qualifiée. Pour reprendre une expression populaire, *on n'attire pas les mouches avec du vinaigre*. Au total l'Afrique n'attire pas une part suffisamment importante des investissements directs de l'étranger.

La troisième source de flux financiers extérieurs est celle de la diaspora. Au niveau mondial, les personnes qui vivent en dehors de leur pays, les diasporas, représentent 3,5 % de la population. Ces personnes veulent souvent garder des liens étroits avec leur patrie d'origine où ils ont conservé des relations familiales fortes et parfois même des biens immobiliers. Ils ont souvent acquis, au fil du temps, la nationalité du pays d'accueil et, quand cela est possible, désirent obtenir la double nationalité.

Les diasporas africaines, qui vivent sur les autres continents, représentent 40 millions de personnes. Elles envoient chaque année en Afrique 70 milliards de dollars. Ce montant est supérieur à ceux de l'aide publique au développement et aux investissements directs de l'étranger. C'est donc, en niveau, la première source de financement ! Cependant, cette manne est concentrée sur seulement quelques pays. L'Afrique du Nord en reçoit à peu près la moitié. En Afrique subsaharienne, le Nigeria reçoit à lui seul 22 milliards de dollars d'une diaspora estimée à 15 millions de personnes. Ces sommes participent à un pourcentage important du PIB des pays récepteurs. Les chiffres sont parfois sidérants : c'est 25 % de contribution pour le Libéria, 15,2 % pour le Sénégal et 7,4 % pour le Mali. Concernant les diasporas en France, elles contribuent pour près de six milliards de dollars chaque année. Les plus actives sont celles d'Afrique du Nord, qui reçoit les trois quarts des envois, mais aussi celles du Sénégal, de Madagascar, de la Côte d'Ivoire et du Mali.

Ces envois très importants d'argent vont aux familles des membres de la diaspora restées au pays et sont utilisées essentiellement pour les dépenses courantes d'alimentation, d'éducation et de santé. C'est parfois la seule source financière permettant la survie de ces familles. Ainsi, l'argent de la diaspora ne contribue que fort peu aux investissements dans les projets et ne favorise pas l'emploi local. Cependant, des évolutions récentes sont positives. La diaspora a, de plus en plus, envie de sortir de l'aide consacrée exclusivement à la survie de leurs familles et souhaite allouer une part de ses envois pour des investissements. On considère que trois quarts des entrepreneurs qui investissent sur le continent sont issus des diasporas. Mais les montants investis sont encore faibles, ils ne concernent que 10 % des transferts. Il faut accélérer cette tendance. A propos de la diaspora, Achille Agbe, jeune Ivoirien, spécialiste des blockchains qui a étudié l'économie en France a déclaré : « il faut dépasser les projets sociaux pour aller vers l'économique. »

Parfois, le rôle important des diasporas n'est pas reconnu officiellement, certains gouvernements s'en méfient car elles ont l'esprit critique et pourraient alimenter les oppositions. Ainsi, après plusieurs voyages en Europe et des rencontres de temps en temps houleuses avec les diasporas de son pays, le président du Cameroun, Paul Biya, a exprimé le 31 décembre 2019, à l'occasion d'un discours, des critiques sur les comportements de la diaspora camerounaise qui, de son point de vue, n'est pas assez respectueuse de la patrie. Pourtant, celle-ci envoie 300 millions d'euros chaque année.

Quelques pays, dont le Maroc, le Sénégal, le Mali, le Ghana et le Kenya, ont compris qu'il était de leur intérêt de mettre en œuvre des actions visant à attirer et séduire leurs diasporas malgré l'envie de celles-ci de vouloir faire évoluer la gouvernance de leur pays d'origine. Le Maroc s'occupe très bien de ses diasporas. Lors de leurs visites au pays, elles sont parfois accueillies à l'aéroport, on leur reconnaît un rôle positif, on leur simplifie la vie. A l'inverse, au Mali, les membres de la diaspora en visite au pays sont épiés et soupçonnés de cacher de l'argent. Pour encourager les diasporas à participer au développement de leur pays d'origine, leur rôle doit être mieux reconnu pour être amplifié et orienté de préférence vers les investissements.

En résumé, peu d'argent des trois sources financières extérieures va vers l'industrie locale ou plus généralement vers le secteur privé créateur d'emplois. Reste disponible, comme source de financement, l'argent des banques locales et des fonds privés. Les banques locales préfèrent prêter aux grands industriels ayant pignon sur rue qui sont solvables. Pour les petits entrepreneurs, c'est bien plus difficile. Ceux-ci n'ont ni compte bancaire, ni carte de crédit. Incapables d'apporter les garanties demandées, ces petits entrepreneurs ne peuvent avoir accès aux crédits. Du fait de la faiblesse du secteur bancaire, peu d'épargne est collectée par les établissements. Le taux d'épargne africain est de 5 % du PIB, niveau extrêmement bas. A titre de comparaison, il est de 25 % en Asie. Ainsi, l'argent local manque pour les investissements de long terme. L'industrialisation de l'Afrique souffre donc du manque de moyens financiers de proximité. Heureusement, le secteur bancaire inter-étatique, comme la Banque africaine de développement (BAD), met en œuvre des actions dynamiques. En mai 2018, lors d'une session tenue à Busan en Corée du Sud, elle a décidé, pour industrialiser l'Afrique, de lui allouer 35 milliards de dollars étalés sur dix ans. Lors de cette session, a été rappelée la *success story* du Maroc qui s'est engagé sur la voie de son industrialisation, en particulier dans le secteur aéronautique et automobile. L'objectif de la BAD est, d'ici 2025, de multiplier par 2,3 le PIB industriel de l'Afrique.

La meilleure chance de financement des petits entrepreneurs sont les fonds privés. Ceux-ci sont investis dans les capitaux propres des entreprises locales sans garantie. Si ça marche, tant mieux, le retour sera intéressant. Si ça ne marche pas, l'argent investi sera perdu. Les fonds privés regardent donc de près le modèle économique des entreprises dans lesquelles elles vont investir et, parfois même, les accompagner dans leurs aventures. Par ailleurs, ces investissements en capital-investissement peuvent avoir un impact positif en termes de productivité, de développement des compétences et de création d'emplois. En sus d'apporter directement des fonds aux entrepreneurs et d'améliorer leur performance, la présence d'un fonds d'investissement peut rassurer et convaincre une banque classique d'apporter de l'argent à l'entreprise sous forme de prêts. « Les investissements en capital-risque ont un impact considérable en termes de productivité, de développement des compétences, de création d'emplois et d'impact social, car ils incluent le transfert et l'échange de savoir-faire, l'accès à un réseau plus large et pas seulement le flux de capitaux[12]. »

AfricInvest est un fonds basé en Tunisie avec des bureaux dans une vingtaine de pays africains, dont le Kenya, le Nigeria et la Côte d'Ivoire. C'est l'un des premiers fonds de capital-risque à avoir opéré en Afrique francophone. Depuis vingt-cinq ans, AfricInvest a aidé 150 entreprises en y investissant 1,5 milliard d'euros. Des entreprises ont ainsi pu se développer. AfricInvest s'est aussi associée avec un fonds euro-asiatique, Cathay Capital Private Equity, afin d'investir dans des start-ups africaines qui représentent un plus grand risque que celui des entreprises déjà existantes. Pour financer des petites et moyennes entreprises françaises voulant créer des activités en Afrique, AfricInvest a également créé une filiale française avec 77 millions d'euros disponibles.

Un autre fonds d'investissement privé, I&P (Investisseurs et Partenaires) est dirigé par Jean-Michel Severino, ancien Directeur général de l'Agence française de développement. De 2012 à 2020, ce fonds a levé 210 millions d'euros, financé plus de 100 entreprises ou filiales locales et ainsi créé des milliers d'emplois.

---

[12] Revue *Into Africa*, mai 2019 : Private Equity Nurturing Africa

Jean-Michel Severino tire l'enseignement suivant[13] : « A titre personnel, j'ai une grosse satisfaction et une grosse déception. La satisfaction, c'est que c'est possible. La preuve, on s'est beaucoup développé. La déception, c'est que tout ce que nous ferons sera toujours petit à l'échelle des pays africains. On ne peut que prétendre avoir un effet de démonstration et suggérer à d'autres de faire pareil. » Le Fonds I&P de Jean-Michel Severino est également partenaire du Blog « entreprenante Afrique » dédié aux jeunes entrepreneurs.

Les fonds d'investissement se développent rapidement en Afrique. Jumo est un fonds sud-africain créé en 2015 au Cap. Cette jeune pousse est active dans l'épargne et les prêts aux petites entreprises qui n'ont pas accès au système bancaire traditionnel. Les montants investis ou prêtés sont modestes (quelques milliers de dollars). Mais ce n'est pas n'importe quelle start-up. Elle est associée à Google depuis 2017 et la banque américaine Goldmann Sachs lui a confié, en 2019, 55 millions de dollars en capital-risque et en prêts. Jumo a aussi des visées sur d'autres pays du continent et en Inde. Depuis sa création, cette start-up a levé 150 millions de dollars permettant aux sociétés dans lesquelles elle a investi de lever des fonds supplémentaires.

Ainsi que le note Jean-Michel Severino, il n'y a pas encore assez de fonds d'investissements. Ceux-ci, qui lèvent pour l'Afrique environ trois milliards d'euros chaque année, doivent se développer. Les montants alloués par ces fonds restent très inférieurs à ceux de la diaspora ou ceux des investissements directs (IDE). Cependant, ils sont complémentaires et surtout nécessaires.

Pour les petits entrepreneurs, le micro-crédit peut aussi offrir des opportunités. Baobab, société financière digitale, est spécialisée dans le microcrédit. Cette société française, d'abord implantée au Burkina Faso puis au Sénégal, à Madagascar et en Côte d'Ivoire, récolte de l'épargne et prête à ses clients mais n'y investit pas. Elle offre ses services à des particuliers, des micros et petites entreprises qui n'ont pas accès au secteur bancaire.

---

[13] *Le Monde Afrique*, 21 octobre 2019

Active dans une dizaine de pays africains Baobab intervient auprès de 750 000 clients. En 2017, elle a accordé 850 millions d'euros de prêts.

Enfin, s'agissant des fonds disponibles pour le développement des entreprises, comment ne pas évoquer les fonds illicites qui partent à l'extérieur des pays. Les montants concernés sont considérables. « En Afrique, les fuites illégales de capitaux dépassent la totalité de l'aide publique au développement qu'elle reçoit. » Cette déclaration du 23 octobre 2019 dans « *Le Monde Afrique* » est de Uzziel Ndagijimana, ministre des Finances rwandais.

On estime que les flux financiers illicites en Afrique, sur la période 2000- 2015, ont été de l'ordre de 73 milliards de dollars annuels[14]. Ce sont aussi bien des fonds issus de la corruption que de la contrebande, de la fraude fiscale ou de la contrefaçon. Cet argent, pour l'essentiel, part à l'étranger afin d'enrichir des personnes. Mais l'argent illicite est également lié à l'insécurité. *L'Atlas mondial des flux illicites* relève qu'au Sahara, les conflits armés sont financés à 38 % par l'exploitation illégale des ressources naturelles, à 28% par le trafic de drogue, à 26 % par l'extorsion et à 3 % par des kidnappings.

Cet argent, qui ne s'investit pas localement dans des projets créateurs d'activité économique et d'emplois, manque à l'économie locale. Il est démontré que plus les flux illicites sont élevés, plus la situation économique des pays concernés est dégradée. A titre d'exemple, des pays avec des flux illicites importants, ont une productivité agricole très inférieure aux autres. La lutte contre ce fléau est difficile et de longue haleine, mais elle dégagera des fonds conséquents qui deviendront disponibles pour le développement.

La lutte contre les flux financiers illicites africains relèvent d'une responsabilité partagée entre l'Afrique et les pays riches.

---

[14] *Étude sur l'architecture mondiale de la gouvernance pour lutter contre les flux financiers illicites,* Nations Unies, Commission Economique pour l'Afrique, mai 2018

La mise en œuvre en Europe des lois sur les *Biens mal acquis* participe de cette lutte.

Des signaux encourageants

Elément très positif, il y a de nombreux entrepreneurs africains. « Je suis convaincu que l'avenir de l'Afrique appartient à ses entrepreneurs, ces inclassables rêveurs pour qui chaque problème est une chance. » Cette déclaration de décembre 2019, à l'occasion de l'un de ses déplacements en Afrique, est de Jack Ma, le cofondateur du groupe chinois de commerce en ligne Alibaba. Compte tenu de son histoire personnelle et de son succès, Jack Ma a sans doute de bonnes raisons de penser cela. Il a lui-même investi en Afrique une partie de sa fortune personnelle. Il a par ailleurs déclaré : « Lors de chacun de mes voyages, je m'efforce de rencontrer de jeunes entrepreneurs. Et le continent n'a pas fait exception à la règle. J'ai donc parlé à des chefs d'entreprise africains. J'ai découvert leurs histoires personnelles, leurs rêves. Et soudain je me suis trouvé propulsé vingt ans en arrière, à l'époque de la création d'Alibaba. »

D'après Jean-Michel Severino et Jérémy Hajdenberg, co-auteurs du livre *Entreprenante Afrique*[15], les jeunes se disent attirés à 72 % par l'entrepreneuriat. Dans les faits, d'après l'OCDE, seulement 22 % de la population africaine d'âge actif passe de l'attirance à la création effective d'une entreprise, taux quand même le plus élevé au monde.

L'envie et la volonté sont là. Mais ce n'est pas si simple, il y a de nombreux obstacles et trop d'échecs. Sans doute, beaucoup de jeunes s'orientent vers la création d'entreprises par défaut de trouver un emploi stable. Et peu d'entrepreneurs ont l'ambition de créer une entreprise avec plus de cinq emplois. En effet, 85 % des entreprises sont des entreprises unipersonnelles.

---

[15] Editions Odile Jacob, 2016

Malgré ces difficultés, l'Africapitalisme avance. « Le futur que nous souhaitons est un futur que nous devons bâtir. » Cette phrase est de Tony Elumelu, milliardaire nigérian figurant parmi les personnalités les plus influentes d'Afrique, dirigeant de banques et entrepreneur-investisseur qui a créé une fondation pour, entre autres, aider les jeunes Africains à créer des entreprises. Lui-même est un exemple de réussite dans le secteur privé. Il est l'inventeur de la doctrine de l'Africapitalisme fondée sur l'influence du secteur privé et de l'entrepreneuriat africain. Cette doctrine repose principalement sur la théorie libérale du ruissellement. Son principe est que l'enrichissement d'une élite au sein d'une société profite à l'ensemble de celle-ci. Tony Elumelu aide ainsi de jeunes entrepreneurs en espérant que non seulement ils s'enrichiront mais aussi, que par ruissellement (ou par ricochet), ils créeront des richesses autour d'eux. Sa vision n'est pas la recherche du profit individuel, mais l'émergence de conditions de vie meilleures des Africaines et des Africains à travers la croissance inclusive emmenée par ces jeunes entrepreneurs.

Il y a de nombreux exemples de jeunes entrepreneurs qui ont tenté l'aventure. L'Afrikhepri Fondation a sélectionné, sur son site internet, 25 jeunes entrepreneurs de moins de 30 ans, que la Fondation dénomme les perturbateurs d'aujourd'hui et les brillantes stars de demain : « De l'immobilier aux services financiers en passant par la fabrication, les médias, la technologie, la technologie verte, la santé, l'agriculture et la mode, les 25 jeunes entrepreneurs africains, perturbateurs et novateurs, de cette liste sont impatients de changer l'Afrique. Ensemble, ils représentent le meilleur de l'esprit d'entreprise, de l'innovation et du capital intellectuel de leur génération. »[16]

[16] https://afrikhepri.org/les-25-jeunes-entrepreneurs-africains-qui-font-bouger-le-continent/

Une autre association (Association 3535) qui incube des initiatives et projets entrepreneuriaux en Afrique francophone a, en 2018, distingué 35 jeunes entrepreneurs. Les lauréats sont issus de domaines très divers, agriculture, environnement, médias ou autres. Ces jeunes entrepreneurs sont une chance pour le développement.

L'évolution du cadre réglementaire est un autre signal encourageant. En effet les entrepreneurs, qui existent donc bien en Afrique, ont besoin d'un environnement administratif, fiscal et juridique simple, favorable et stable. Les principaux obstacles indiqués par les entrepreneurs varient selon la taille de leur entreprise. Toutes pointent parmi les difficultés l'accès aux financements, le raccordement à un réseau d'électricité et l'instabilité politique. Les petites entreprises se plaignent en plus de l'économie informelle. Viennent ensuite les préoccupations sur la corruption, la criminalité, les douanes etc.

Selon une étude menée par la Banque mondiale auprès des entreprises, entre un et trois millions d'emplois sont perdus chaque année en raison des obstacles administratifs, de l'argent illicite, de l'inadaptation des infrastructures, de la faiblesse de l'administration fiscale et de la lourdeur de la bureaucratie.

Quelques pays se sont attelés à réformer leur système pour lever ces obstacles et attirer les entrepreneurs. Le groupe Banque Mondiale, dans son document *Doing Business 2020,* classe les 190 pays mondiaux selon la facilité d'y implanter des entreprises et s'y développer. Les pays africains restent globalement mal classés. Le Rwanda est le premier pays en Afrique mais seulement le 38^{éme} au niveau mondial. Il est suivi, pour ce qui concerne les grands pays du continent, par le Kenya (56ème), l'Afrique du Sud (84ème), le Ghana (118ème), le Nigeria (131ème) et la République démocratique du Congo (183^{éme}). Néanmoins, parmi les 20 pays les plus réformateurs au niveau mondial, figurent récemment cinq pays d'Afrique qui se font remarquer : Djibouti, le Kenya, le Nigeria, le Togo et le Zimbabwe.

Le même rapport, concernant l'Afrique, pointe : « La région obtient ses meilleurs résultats dans le domaine de l'obtention de prêts. En revanche, elle est mal classée pour le raccordement à l'électricité, le commerce transfrontalier et le transfert de propriété. Par exemple, en Afrique subsaharienne, le coût de l'obtention d'un raccordement électrique permanent au réseau est trois fois plus élevé que la moyenne mondiale et 52 fois plus élevé que dans les pays à revenu élevé de l'OCDE. » Puis le rapport continue sur les tracasseries administratives : « En Côte d'Ivoire et au Cameroun, il faut plus de 200 heures pour remplir les formalités douanières d'exportation pour le transport maritime, contre 13 heures dans les économies à revenu élevé de l'OCDE. Les ports d'Afrique subsaharienne sont les moins efficaces de toutes les régions. »

Les évolutions pour lever les obstacles aux entrepreneurs sont positives mais bien trop lentes. Il reste beaucoup à faire pour faciliter le développement des entreprises et encourager les dirigeants-investisseurs. Le rapport 2020 de « Global Talent Competitiveness Index » (GTCI) qui classe les pays et les villes à travers leur capacité à créer, développer, attirer et garder les talents positionne l'Afrique en bas du classement. Il reste du chemin à parcourir !

Parmi les obstacles, le manque d'accès à l'électricité tient une bonne place. En Afrique, la moitié de la population n'a pas accès aux réseaux électriques. De nombreuses PME-PMI sont dans la même situation. En l'attente de la construction de grands ouvrages, barrages hydroélectriques, centrales électriques, réseaux de distribution, des solutions existent, tout de suite, plus simples et proches des gens. L'énergie solaire, utilisable à toutes les échelles, est tout à fait adaptée à ce continent très ensoleillé. Au Nigeria, une multitude de petites et moyennes entreprises ont des difficultés dans l'approvisionnement en électricité soit par inexistence d'un réseau électrique soit par la défaillance de celui qui existe. Une société locale, Zola Electric, vend des kits solaires à domicile pour les particuliers et installe aussi des *mini-grid* solaires pour ces PME. Cette société qui répond à un réel besoin du marché, crée elle-même des emplois directs et participe à l'accélération de la croissance économique. Créée en mars 2019, son objectif est d'atteindre un million de personnes en trois ans au Nigeria et hors des frontières. Des exemples comme celui-ci devraient se multiplier, le marché est là.

Le numérique est un domaine où les espoirs sont grands. Tout a commencé par la téléphonie mobile. Plus de 500 millions de portables sont utilisés en Afrique (chiffre 2020). Cependant, parmi les opérateurs de réseaux il y a beaucoup de sociétés internationales et peu de sociétés africaines. Le secteur bancaire étant très peu développé (pas de chéquiers, pas de cartes de crédit) le téléphone portable, facile et utilisable pour de faibles montants, est devenu le moyen de paiement le plus fréquent (mobile money). Le développement des réseaux internet va bon train, même si souvent les puissances installées ne sont pas au rendez-vous pour permettre des débits suffisants. Le domaine du numérique donne l'opportunité à de nombreuses start-ups locales de se développer. C'est un secteur en plein bouillonnement.

Un signal fort est envoyé aux entrepreneurs par l'Union africaine qui a créé la Zone de libre-échange continentale africaine (Zlecaf, voir Ch. 5, § Le devenir). En effet, cet accord qui facilitera les échanges commerciaux, mis en place début 2021, était attendu par les grandes entreprises africaines. Les petits entrepreneurs, installés à côté des frontières, ne seront pas en reste car ils pourront se déployer en élargissant leur base commerciale hors de leurs pays. Les douanes sont souvent citées comme des obstacles au développement des entreprises en compliquant le passage des frontières et en augmentant les coûts par les taxes imposées. Supprimer les douanes va donc bien dans le sens de la simplification qui favorisera le développement économique. Les débats entre les acteurs économiques et le milieu politique font avancer les choses.

L'Africa CEO Forum, réunit chaque année des acteurs africains et internationaux du secteur privé. Des chefs d'Etat et des décideurs politiques y participent également. Convoqué pour sa huitième édition, à Abidjan en mars 2020, sur le thème « Capitalisme et bien commun », le forum a dû être annulé du fait du Covid-19. Mais le thème retenu indique bien que le rôle du secteur privé pour contribuer aux solutions nécessaires afin de relever les défis économiques (développement), sociaux (chômage) et environnementaux est sur l'agenda africain.

La présence sur le terrain de grands groupes internationaux, compte tenu de leur longue expérience, participe à faire évoluer les méthodes de travail (efficacité, rigueur, qualité) des cadres et techniciens locaux dans leurs propres entreprises mais aussi chez leurs partenaires et sous-traitants.

L'exemple de la Société d'Exploitation des Eaux du Niger (SEEN) est intéressant à regarder. Cette société locale a pour actionnaire principal Veolia, leader mondial du service de l'eau. La SEEN, 700 employés, est une société de services qui distribue l'eau potable aux populations dans le pays. Les infrastructures, réseaux, unités de pompage, stations de traitement, qui sont exploitées et maintenues par la SEEN, sont publiques et appartiennent à l'Etat. Veolia apporte ses savoir-faire et technologies pour permettre à la SEEN d'améliorer les services rendus (qualité de l'eau, continuité du service, relation clientèle, entretien des réseaux et infrastructures etc.). Les responsables locaux, ingénieurs, techniciens, fontainiers et le service clientèle, bénéficient de plans de formation, des connaissances de leurs collègues des autres pays et améliorent ainsi leurs compétences. Les directeurs et chefs de service sont des locaux appuyés par trois expatriés de Veolia (le DG, le directeur financier et le directeur des exploitations). La SEEN, par ailleurs, fait travailler, suivant ses procédures, nombre de sous-traitants (certains travaux de maintenance, logistique, travaux neufs, etc.). Le Directeur général, René Matillon, en poste jusqu'en mars 2021, allait régulièrement sur le terrain, loin de Niamey, malgré les problèmes de sécurité, afin d'encourager les équipes et s'enquérir des avancées et difficultés rencontrées. Le résultat est là. Les performances de la SEEN se sont considérablement améliorées ces dernières années. A travers cet exemple, on voit bien que les investisseurs internationaux n'apportent pas seulement des capitaux, mais aussi des savoir-faire et des procédures, ce qui est tout aussi important.

Ces signaux positifs (entrepreneurs locaux et investisseurs internationaux) ont un effet accélérateur sur la croissance. Mais l'Afrique est à ce jour mal entrée dans la mondialisation, trop basée sur l'exportation de matières premières et pas assez sur les échanges industriels. Si les pays africains continuent à faire évoluer leurs règlementations afin de favoriser le développement du secteur privé, cela pourrait changer la donne.

En conclusion, le secteur industriel est très peu développé aujourd'hui en Afrique mais les choses pourraient évoluer favorablement si les décisions administratives et politiques sont prises rapidement pour encourager les jeunes entrepreneurs et attirer les investisseurs. Le développement des entreprises est une impérieuse nécessité pour résorber le chômage endémique.

Les entreprises doivent aussi se développer dans le secteur agricole. Est-ce possible ?

Chapitre 3

L'agriculture
Morcellement ou futurs emplois ?

En Afrique, l'agriculture est le principal secteur pourvoyeur d'emplois (55 % des emplois en Afrique subsaharienne) mais il ne représente que 15 % du produit intérieur brut. Ce petit pourcentage est dû à une faible productivité et des rémunérations très basses. Le secteur agricole est peu productif dans la plupart des pays africains alors qu'il compte pour beaucoup dans le développement de leurs économies. Si cette activité fournit la majorité des emplois et que sa part dans le PIB est aussi faible, c'est que les populations qui en vivent sont très pauvres. Compte tenu des besoins alimentaires du continent, le potentiel d'expansion est considérable et représente beaucoup d'emplois qualifiés supplémentaires dans les secteurs connexes. Un taux de mécanisation très insuffisant et le manque d'utilisation d'intrants (engrais et pesticides) expliquent pour l'essentiel cette très faible productivité du secteur agricole.

En conséquence de quoi, l'Afrique a faim. Les récents progrès sont en grande partie dus à l'expansion des surfaces (l'Afrique possède beaucoup de terres arables encore disponibles), alors que les efforts devraient porter sur l'accroissement des rendements.

Notons que, grâce à un relatif isolement, le Covid-19 a peu affecté directement la ruralité africaine. Cependant, les décisions prises dans les centres urbains ont pu impacter dans les campagnes le transport des marchandises perturbant indirectement la chaîne de production. Ainsi, les populations rurales ont souffert indirectement de la crise sanitaire.

L'Afrique a faim

L'ONU indique : « Plus de 820 millions de personnes souffrent encore de la faim aujourd'hui dans le monde, ce qui souligne le défi immense que constitue la réalisation de l'objectif Faim Zéro à l'horizon 2030. La faim progresse dans presque toutes les sous-régions de l'Afrique[17]. »

Plus de 20 % de la population africaine est sous-alimentée. C'est 8,5 % en Afrique du Nord, mais plus de 23 % en Afrique subsaharienne. Un tiers des enfants de moins de cinq ans souffrent de retards de croissance, ce qui augure mal de leur avenir. Et ces dernières années (2010-2017), la situation au lieu de s'améliorer, s'est dégradée depuis 2015. L'insécurité alimentaire, modérée ou grave, est un autre indicateur instructif. L'ONU précise que 52 % des Africains sont en situation d'insécurité alimentaire modérée et 23 % en insécurité alimentaire grave. Ajoutons à ce sombre tableau que dix pays ont un indice de la faim (global Hunger Index) à un niveau alarmant (Niger, Soudan, Soudan du Sud, Tchad, Ethiopie, Centrafrique, Zambie, Mozambique et Madagascar).

A titre d'illustration, la consommation de viande par personne en Afrique subsaharienne est de seulement 11 kg par an. En comparaison, les habitants des pays développés en consomment 69 kg. Certes, les pays développés consomment trop de viande, mais quand-même un coefficient de plus de six avec l'Afrique subsaharienne…Les situations sont cependant contrastées, ainsi

---

[17] *L'État de la sécurité alimentaire et de la nutrition dans le monde 2019. Se prémunir contre les ralentissements et les fléchissements économiques*. Rome, FAO. 2019

l'Afrique australe est à un niveau raisonnable avec 40 kg de viande par an. Les céréales représentent consécutivement la part prépondérante dans les régimes alimentaires avec en particulier les racines et tubercules dont le manioc. Le manque d'alimentation, ou la mauvaise alimentation, provoque, entre autres, l'anémie (carence en fer) chez les jeunes enfants. En Afrique subsaharienne, 100 millions d'enfants souffrent de cette affection.

Les rapports de l'Unicef, de l'ONU et de la FAO sont clairs : 31 pays africains ont besoin d'aide alimentaire. En République centrafricaine, pays de six millions d'habitants, ce sont deux millions de personnes qui souffrent de malnutrition.

D'après le document de l'Unicef, *Lutte contre la famine. État d'avancement* (11 juillet 2017), 38 millions de personnes sont en situation de malnutrition sévère dans six pays, dont quatre en situation de famine (Nigeria, Soudan du Sud, Yémen et Somalie) et deux en situation de sécheresse (Ethiopie et Kenya).

Compte tenu de ces données dramatiques, on comprend la réaction dépitée d'un jeune Ivoirien face à la crise sanitaire : « Si ça n'est pas le virus qui nous tue, c'est la faim qui le fera[18]. »

L'ONU indique dans un communiqué du 17 juillet 2020 que le Covid-19 engendre une montée en flèche du nombre de personnes souffrant de la faim dans le monde, menace de famine 250 millions de personnes supplémentaires et douche les espoirs d'éradiquer la pauvreté à l'horizon 2030.

On doit cependant préciser, qu'après les efforts portés à la lutte contre la faim, il n'y a plus de grandes famines en Afrique. Celles, très médiatisées, dans la région du Biafra au Nigeria en 1968, en Ethiopie en 1983-1985, en Somalie en 2011, au Niger en 2014 ou au Soudan du Sud en 2017, résultaient principalement

---

[18] Issouf, 25 ans, Abidjan, Côte d'Ivoire, cité dans le document « *Secteur Informel et entreprises* » Archipel &Co, Juin 2020.

des conséquences des politiques gouvernementales inadaptées, des conflits militaires ou des guerres civiles.

L'Union africaine a préparé l'Agenda 2063 qui contient des plans d'actions et des objectifs visant à « Une Afrique intégrée, prospère et pacifique, dirigée par ses propres citoyens et représentant une force dynamique sur la scène mondiale. » Cet agenda très politique programme quelques objectifs, en particulier il prévoit qu'en 2050, afin d'atteindre son autosuffisance et nourrir tous ses habitants, l'agriculture africaine devra avoir quintuplé sa production ! Est-ce possible ?

Morcellement et faibles rendements

Dans un document *Covid-19* de l'ONU, il est indiqué qu'au niveau mondial, « 500 millions de petites exploitations agricoles fournissent jusqu'à 80 % de la nourriture consommée dans les pays en développement. Investir dans ces exploitations constitue donc un moyen considérable d'améliorer la sécurité alimentaire et la nutrition des plus pauvres et d'accroître la production alimentaire pour les marchés locaux et mondiaux. »

En Afrique, l'agriculture est le premier pourvoyeur d'emplois. En République Démocratique du Congo, ainsi qu'au Nigeria, ce sont plus de 4,5 millions de personnes qui y sont employées. Plus largement, en Afrique subsaharienne ce sont 175 millions de travailleurs qui sont concernés directement par ce secteur.

Les habitudes et les aspects culturels pèsent lourd. La plupart des exploitations agricoles sont familiales. La priorité des familles est la survie. Ces exploitations sont principalement vivrières, on cultive pour soi et sa famille. On ne recherche pas suffisamment la production supplémentaire pour vendre à l'extérieur. Ces familles ont bien sûr besoin et envie d'accroitre leurs revenus, mais elles sont seules et ne savent pas comment faire. La production est souvent centrée sur des cultures traditionnelles comme le mil, le manioc ou le sorgho auxquels la recherche et l'industrie agricole ne s'intéressent pas car ces produits ne sont pas ou plus consommés dans les pays riches. Ces exploitations agricoles, sauf exception, ont malheureusement des productivités très faibles. L'organisation des exploitations reste très traditionnelle.

Depuis les années 1960, l'Afrique est le seul continent dont la productivité agricole n'a pas progressé. L'Afrique doit donc importer des denrées alimentaires de base comme le blé, le maïs ou le riz, mais aussi de la viande en particulier des volailles. Le Congo-Kinshasa importe du poulet brésilien !

Le morcellement de terres est un obstacle majeur à l'amélioration de la productivité. En effet, sur de petites exploitations, on ne peut organiser la mécanisation ni optimiser l'utilisation des intrants. Ce morcellement vient de loin. Les familles occupent souvent leurs terres par usage sans en être propriétaires. Petite taille et incertitude sur la propriété n'incitent pas à s'organiser pour investir. De ce fait, les rendements ne s'améliorent pas.

En Afrique, les petits exploitants, pour la préparation des sols, utilisent encore l'homme avec la houe manuelle. Environ 65 % des sols sont ainsi préparés, l'apport des animaux de trait représentant 25 % et les engins à moteur seulement 10 %. En Amérique Latine et en Asie du Sud, la situation est bien meilleure, la moitié des terres étant préparées par des engins à moteur. La productivité agricole est donc en général très faible sur le continent africain sauf exceptions, comme en Egypte et en Afrique du Sud.

A titre d'exemple, la production de céréales est de 15 quintaux par hectare en Afrique quand elle est de 45 quintaux en Europe (c'est 65 en France).

Cette faible productivité s'explique d'abord, mais pas seulement, par le manque de mécanisation. En 1960, l'Afrique avait autant de tracteurs qu'en possédaient ensemble le Brésil, l'Inde et la Chine. En 2000, chacun de ces trois pays avait plus de tracteurs que l'Afrique[19]. Le Brésil en possède 800 000, la Chine et l'Inde chacune plus d'un million alors que l'Afrique stagne à 200 000. La seule Thaïlande possède autant de tracteurs que l'Afrique ! De surcroît, la plupart des tracteurs africains sont concentrés sur un faible nombre de pays. Il est vrai que, dans les années 70, la pression démographique n'était pas au niveau de celle de nos jours. L'urgence alimentaire n'existait pas alors. La donne a changé bien sûr, mais il n'en reste pas moins que seulement 5 % de terres agricoles subsahariennes sont pourvues de tracteurs.

Le manque de formation des agriculteurs est un autre obstacle à l'amélioration de la productivité. Les gouvernements ne mettent pas assez l'accent sur la production et la diffusion de nouvelles technologies.

La mécanisation de l'agriculture est ainsi devenue une priorité. « Multiplier par deux la productivité agricole et éliminer la faim et la malnutrition en Afrique d'ici 2025 ne sera qu'un mirage à moins de donner à la mécanisation une importance capitale. » Déclaration faite par Madame Josefa Sacko, Commissionnaire de l'Union africaine pour l'économie rurale et l'agriculture, en octobre 2018, lors de la présentation du document *La mécanisation agricole durable : un cadre de travail pour l'Afrique (SAMA)*. Ce document, d'après le communiqué de presse, donne un aperçu de l'histoire de la machinerie en Afrique et suggère la voie à suivre pour lutter contre les défis des agriculteurs et créer de nouvelles opportunités afin de veiller au bon déroulement du processus de

---

[19] *La Mécanisation Agricole Durable : Cadre Stratégique pour l'Afrique*. FAO et Commission de l'Union africaine (CUA), 2019. Page 7

mécanisation. Les choses évoluent, mais trop lentement. Au Nigeria une initiative intéressante a été prise. « Hello Tractor », est une plate-forme innovante qui permet aux agriculteurs de partager des tracteurs en utilisant SMS, GPS et capteurs intelligents. Les petits agriculteurs peuvent ainsi accéder, en partage, aux tracteurs intelligents, permettant d'améliorer leur productivité.

Un autre obstacle sur la route de la productivité est le manque d'utilisation d'intrants (engrais et pesticides). L'Afrique utilise, en moyenne, 15 kg d'intrants par hectare, alors que l'Europe, les Etats-Unis et la Chine en utilisent environ 200 kg par hectare. Ce manque d'emploi d'intrants pèse évidemment sur la productivité. Les intrants sont peu utilisés en Afrique car ils coûtent cher. Pour un petit agriculteur, c'est un investissement, car il doit dépenser de l'argent, qu'il n'a pas, en début de saison et le récupérer lors de la vente de sa récolte quelques mois plus tard. A son échelle, plusieurs mois est un temps très long.

Le marché étant peu développé, le prix des intrants est impacté à la hausse par une faible demande (manque de volumes et de concurrence) et des coûts logistiques élevés (transport, stockage etc.). Les infrastructures (routes, ponts, voies de chemin de fer) sont, en beaucoup d'endroits, déficientes pour acheminer les intrants. Durant la colonisation, afin d'exporter les matières premières, des routes avaient été construites pour relier les mines aux ports. Aujourd'hui, il faudrait aussi des routes reliant les ports aux centres urbains, à partir desquels la distribution des produits vers les campagnes serait organisée. Ce manque d'infrastructures pèse sur les coûts. Ainsi, les fermiers africains les plus pauvres du monde sont souvent ceux qui payent les intrants les plus chers ! Par ailleurs, le manque de formation des agriculteurs ne permet pas une utilisation efficiente des intrants. Des terres différentes (qualités des sols) nécessitent des traitements différenciés et des intrants spécifiques. Il y a là un savoir-faire peu diffusé.

L'utilisation des engrais n'est donc pas assez généralisée. Les Africains le savent bien, eux qui ont décidé, en 2006, au sommet de l'Union africaine à Abuja (Nigeria), de faire passer la consommation d'engrais de 8 à 50 kg par hectare en 2015. L'objectif n'a pas été atteint, loin s'en faut, car en 2019 on n'en était encore qu'à 15 kg par hectare. L'échec est bien là. Beaucoup reste à faire. Les objectifs sont d'autant plus accessibles que la production locale d'engrais devient significative. Des producteurs importants, comme OCP au Maroc ou le groupe Dangote au Nigeria, interviennent sur ce marché des intrants. Ces entreprises favorisent le développement du secteur agricole tout en créant des emplois locaux.

La mise en œuvre de l'utilisation des engrais et pesticides et de la mécanisation à une échelle économique, est possible pour les grandes exploitations. Mais pour les petites exploitations, cette mise en œuvre est trop compliquée et n'est pas rentable. Le morcellement des terres est donc bien un obstacle très important à l'amélioration de l'efficience de l'agriculture. Ces exploitations individuelles n'ont pas les moyens d'acquérir des engins à moteur, de toute façon souvent disproportionnés pour les surfaces concernées, ni d'acheter suffisamment d'engrais et pesticides.

Le regroupement de ces surfaces et la création de coopératives pour gérer l'acquisition, l'utilisation et le partage des engins à moteur, ainsi que les achats groupés d'intrants, est nécessaire, voire impérative. Le sujet est complexe car il mêle des aspects culturels (qui exploite), fonciers (qui est propriétaire), et économiques (qui achète intrants et matériel agricole). Des contre-performances existent. Les courageuses et difficiles réformes agraires en Afrique du Sud et au Zimbabwe n'ont pas eu les effets escomptés.

Après son arrivée au pouvoir en 2018, le président Sud-Africain, Cyril Ramaphosa, a fait de la réforme agraire une priorité. Son gouvernement a mis en place une réforme ayant pour but de réduire les inégalités entre la majorité noire et la minorité blanche qui possède encore 73 % des terres contre 83 % à l'époque de l'apartheid. Cette réforme est controversée car, si elle est juste, elle fait chuter les rendements par le morcellement des terres qui s'ensuit.

Le cas du Zimbabwe est encore plus marqué. A partir des années 2000, afin de corriger l'accaparement des terres par les Blancs, le gouvernement a saisi 90 % des fermes. Les terres ont été distribuées à des personnes peu familières avec le secteur agricole, souvent des anciens combattants proches du gouvernement, qui se sont retrouvés à la tête de grandes exploitations qu'ils étaient incapables de faire fructifier. Les petits exploitants, plus motivés, s'en sont mieux sortis. Le résultat global est dramatique, les récoltes ont chuté, des famines sont apparues et le Zimbabwe est entré en récession. Le gouvernement a fait marche arrière et essaye de faire revenir les anciens propriétaires terriens.

Heureusement, il y a beaucoup d'exemples encourageants. Le coton est une filière essentielle pour quatre pays d'Afrique de l'Ouest : le Bénin, le Burkina Faso, le Mali et la Côte d'Ivoire. Il est intéressant et instructif de regarder comment la filière du coton, pour laquelle les exploitations sont très dispersées, s'est organisée au Burkina Faso et au Mali. Précisons que le cotonnier est une plante grande consommatrice d'eau et qu'elle est donc généralement cultivée sur des terres proches des rivières ou des fleuves.

Au Burkina Faso, des milliers d'exploitations agricoles cultivent le coton. Ce pays de 20 millions d'habitants est l'un des premiers producteurs africains. Le coton représente 40 % des entrées de devises, la moitié de ses exportations et fait vivre le tiers des familles. C'est donc clairement un secteur essentiel à l'économie du pays. Mais les exploitations sont de petite taille, elles emploient chacune, d'après la FAO, une douzaine de personnes. L'Union nationale des producteurs de coton du

Burkina (UNPCB) regroupe 350 000 exploitants assemblés dans 9 200 groupements de producteurs. Cette Union joue un rôle essentiel sur l'utilisation des intrants, sur l'organisation de la commercialisation et sur les prix. Elle est ainsi un interlocuteur fort pour discuter avec l'Etat et les sociétés cotonnières burkinabés, qui distribuent et exportent le coton, *(Sofitex, Socoma, Faso coton)*.

Grâce à une politique gouvernementale de développement des infrastructures, de subventions sur les intrants et de fourniture de semences de qualité, le Burkina Faso a produit lors de la saison 2017-2018, 600 000 tonnes de coton (sur un objectif annoncé de 850 000 tonnes, un record qui l'aurait mis en tête des producteurs africains). Mais ce pays a aussi a pris des décisions en faveur du coton transgénique qui n'ont pas eu les résultats escomptés en termes de qualité du coton produit. Des polémiques s'en sont suivies. L'abandon du coton transgénique, les problèmes de sécurité, une mauvaise météo, des qualités d'intrants laissant à désirer, ont provoqué la baisse de la production. Le Burkina Faso est passé au quatrième rang des producteurs africains pour la saison 2018-2019. Le secteur est entré dans la tourmente. Des décisions concernant, entre autres, des aides financières ont permis au gouvernement de fixer, de nouveau, un objectif de production au niveau de 800 000 tonnes. Quelles que soient les difficultés, le secteur du coton au Burkina Faso reste une priorité gouvernementale.

Le cas du Mali est heureusement moins problématique. La filière, qui représente 15% du produit intérieur brut, est organisée au travers de la Compagnie Malienne de Développement du Textile (CMDT). Société anonyme créée en 1974, ses actionnaires sont l'Etat Malien à 99 % et le français Geocoton pour 1 %. Elle est un acteur essentiel de la filière de production cotonnière du Mali. La CMDT intervient au sud du fleuve Niger et à l'ouest dans le Cercle de Kita, collectivité territoriale de la Région de Kayes regroupant plus de 6 000 villages et hameaux.

La population vivant sur les territoires de son intervention regroupe plus de trois millions d'habitants.

La CMDT assure un ensemble de missions permettant à la filière cotonnière très dispersée de s'organiser. Ses interventions vont du conseil agricole auprès des producteurs de coton, à la commercialisation et l'égrenage du coton-graine, les ventes de la graine de coton et de la fibre de coton à l'industrie textile malienne et à l'exportation.

Ces dernières années, le Mali s'est classé au second rang pour la production derrière le Bénin. La production de coton s'est chiffrée à 700 000 tonnes au terme de la campagne 2019/2020. Pour 2020/2021, l'objectif des autorités était d'atteindre 820 000 tonnes de coton. Mais la crise du coronavirus a bousculé les choses, la demande mondiale a diminué. Le prix garanti aux producteurs pour la campagne 2020-2021 a chuté de 30 %. La production a diminué et le Mali A reculé dans le classement.

Dans les pays africains producteurs, la filière coton est subventionnée. En effet, les prix de marché ne sont pas assez élevés, car le coton des Etats-Unis arrive à bas prix grâce aux subventions massives du gouvernement américain. Sans subventions, les filières cotonnières africaines ne subsisteraient pas. Grâce à ces subventions et aux organisations locales palliant la disparité des producteurs et le morcellement des terres, la filière coton africaine existe et crée de nombreux emplois. L'exemple du coton est loin d'être parfait, mais il démontre qu'en Afrique des filières savent s'organiser.

En Côte d'Ivoire et au Ghana, la filière du cacao s'est aussi organisée. Ces deux pays cumulent 70 % de la production mondiale. Les fèves de cacao représentent environ 10 % de leurs PIB. En valeur, 40 % des exportations de la Côte d'Ivoire en dépendent. L'organisation de la filière cacao permet aux milliers de petits producteurs d'être garantis d'un prix de vente minimum de leur production, même si celui-ci, de temps à autre, est considéré comme insuffisant.

La filière anacarde (noix de cajou) au Mali est un autre exemple intéressant et instructif. Des milliers de petits producteurs non organisés sont soumis aux conditions des traders dont l'intérêt est la baisse du prix d'achat de la noix de cajou aux producteurs. Le résultat est que les petits producteurs ont peu d'argent pour vivre et ne peuvent pas améliorer leur production. Par ailleurs, l'anacarde produit un fruit en même temps que sa graine (la noix de cajou). Ces fruits, consommables, n'intéressent pas les traders et pourrissent donc sur site. Le gouvernement du Mali tente d'organiser cette filière afin de garantir aux petits producteurs un prix minimum, de favoriser l'exportation de la noix de cajou et d'utiliser localement les fruits pour la consommation.

Mais ces pays, que ce soit avec le coton ou avec le cacao, sont souvent dépendants de ces cultures trop exclusives. Or les cours internationaux de ces produits peuvent avoir des évolutions erratiques qui déstabilisent les budgets nationaux. Les diversifications sont nécessaires.

Si l'agriculture a besoin d'améliorer ses rendements, l'élevage pose parfois aussi des problèmes aux autorités. Dans certaines régions qui manquent de pâturages, la démographie animale, qui suit la démographie humaine galopante, provoque des disputes entre les paysans, menant parfois à des guerres tribales.

Les conflits meurtriers, en février 2019, au Mali dans la région de Mopti, entre les Peuls et les Dogons en sont un exemple. Les Dogons sont des agriculteurs sédentaires alors que les Peuls sont des pasteurs se déplaçant, avec leurs troupeaux, en fonction des saisons de cette région aride. Depuis la nuit des temps, ces deux peuples vivent d'échanges, coopèrent et parfois se disputent. La croissance démographique humaine a intensifié l'occupation des terres pour l'agriculture. L'augmentation du nombre d'animaux a, de son côté, accru le besoin de pâturage. La concomitance de ces deux évènements a provoqué des heurts entre ces communautés. L'apparition récente du djihadisme a exacerbé ces disputes, les uns accusant les autres de complicité avec les islamistes. Ces heurts sont-ils des luttes entre ethnies ou des disputes entre groupes sociaux (agriculteurs contre nomades) ? Les autorités centrales tentent de résoudre ces conflits compliqués par des politiques d'occupation des sols adaptées et mises en œuvre en tenant compte des spécificités du terrain.

L'immense potentiel agricole

« On peut trouver du bœuf au Tchad, pourquoi en faire venir d'Argentine ? » Cette déclaration, faite en octobre 2020 par Félix Moloua, ministre de l'Économie de la Centrafrique, pointe le manque de développement de la production locale agricole.

Pour illustrer le potentiel agricole de l'Afrique, le cas du Ghana est intéressant à regarder. Ce pays a une superficie de la moitié de celle de la France. Exportateur de noix de cajou et de cacao, dont il est l'un des principaux producteurs mondiaux, le secteur agricole représente environ 20 % de l'économie du pays. Les exploitations agricoles sont très morcelées et peu efficaces, ce qui induit une forte dépendance du pays à l'importation de beaucoup de denrées alimentaires de base. A titre d'exemple, le riz est importé pour 70 % de sa consommation. Un article du *New York Times* de juin 2019 intitulé *Making Farming sexy again* aborde le sujet de l'agriculture dans ce pays en relatant un témoignage concret. Un fermier signale que dans de nombreux pays, les agriculteurs sont considérés avec respect et la culture de la terre et son commerce sont honorablement perçus. Mais, dans cette région où l'agriculture est encore principalement de subsistance, elle est synonyme de pauvreté. Cela est vrai au Ghana mais aussi dans beaucoup d'autres pays africains.

Un fonctionnaire, Mr. Ansah-Amprofi, a pris un coup de sang lorsque, sur un marché, il a réalisé que les oignons qu'il achetait venaient des Pays-Bas, alors qu'ils pourraient très bien être cultivés au Ghana. « Comment pouvons-nous importer autant de légumes et avoir beaucoup de jeunes dans la rue ? Comment pouvons-nous avoir toutes ces terres, le beau temps, beaucoup de plans d'eau, mais nous importons toujours des oignons ? » Le *New York Times* nous informe que, deux ans après, ce fonctionnaire avait créé une ferme cultivant fruits et légumes. En effet, l'Afrique importe chaque année environ 35 milliards de dollars de denrées alimentaires alors qu'elle possède 60 % des terres arables encore disponibles au monde. Cette prise de conscience a amené des diplômés à vouloir exercer le métier de fermier de façon plus moderne et efficace que l'agriculture vivrière. Ainsi sont nés les « agro-preneurs ». Ce néologisme est issu de la fusion des mots agriculteur et entrepreneur. Au Ghana, les agro-preneurs sont soutenus par le gouvernement, qui a un plan ambitieux pour améliorer la capacité agricole et inciter les jeunes à retourner ou venir à la ferme. Ces nouveaux fermiers sont autant de jeunes qui ne partent plus à la ville accroître les régiments de chômeurs.

En Afrique, la pauvreté reste essentiellement une question rurale, 82 % des pauvres s'y trouvent[20]. Ceux qui travaillent dans l'agriculture (culture et élevage) travaillent principalement pour leur propre compte, ce sont de petits exploitants.

Le paysan africain en quête d'opportunités est trop faible pour défendre ses intérêts. Les responsables politiques sont plus enclins à résoudre les problèmes des citadins mieux organisés que les paysans, qui se trouvent bien loin des villes. Mais la prise de conscience avance, comme on l'a vu pour le Ghana.

Développer l'agriculture, c'est donner à manger à tout le monde et faire reculer la pauvreté. Les pays africains le savent

---

[20] Document *Africa's Pulse*, No 20. Groupe Banque mondiale. p 34

bien, eux qui ont décidé en 2003, à Maputo, capitale du Mozambique, de faire du développement de l'agriculture une priorité en consacrant 10 % de leurs budgets à cette cause afin d'accroître de 6 % par an la production agricole (la « Déclaration de Maputo »). Il s'avère malheureusement que seulement 20 % des signataires ont réalisé cet objectif budgétaire. En 2014, en Guinée équatoriale, la « Déclaration de Malabo » a repris celle de Maputo et y ajoutant l'objectif d'éradication de la faim pour l'année 2025.

Notons quand même que des progrès ont été réalisés. Entre 2000 et 2015, la production agricole subsaharienne s'est améliorée. Depuis 2015, le déficit de la balance commerciale agricole de l'Afrique a diminué. Il est passé de 40 milliards de dollars en 2015 à 25 milliards en 2018. L'Afrique exporte un peu plus et importe un peu moins, mais le solde est toujours très négatif, malgré l'immense potentiel agricole.

A l'occasion de la réunion « Dialogue de Leadership sur la Sécurité Alimentaire en Afrique » qui s'est tenue les 5 et 6 août 2019 à Kigali, capitale du Rwanda, voici ce que déclarait son président, Paul Kagame : « Nous ne sommes pas sur la cible de la Déclaration de Malabo visant à éradiquer la faim d'ici 2025. En fait, depuis sa signature en 2014, la sous-alimentation a de nouveau augmenté dans de nombreux pays africains. » Il poursuivait : « L'augmentation de la productivité agricole est essentielle pour éliminer la faim et la sous-alimentation. »

Avant lui, la présidente de la Commission de l'Union africaine de 2012 à 2017, Dr. Nkosazana Dlamini Zuma, avait dit : « Notre objectif : reléguer la houe à main au musée et libérer les agriculteurs africains de la tâche éreintante que constitue le labour manuel. » L'Union africaine s'est ainsi engagée à bannir la houe manuelle d'ici à 2025. Il va falloir faire vite !

En février 2019, la FAO et le Réseau de l'agriculture de conservation africain ont passé un protocole d'accord visant à encourager les petits agriculteurs à améliorer leur accès à la mécanisation agricole durable, tels que tracteurs à deux roues et autres engins à moteur permettant d'économiser temps de travail et fatigue. Le sujet de la nécessité d'une mécanisation est donc bien sur la table.

Ce qui s'est passé ces dernières années en Asie et en Amérique Latine prouve que l'agriculture africaine peut évoluer et se transformer en une activité rentable grâce en particulier à l'utilisation d'intrants et de machines agricoles.

Pour mettre en œuvre tout cela à une échelle économique, une difficulté très importante, on l'a vu, est le morcellement des terres. Le regroupement des terres ne sera pas facile. L'utilisation de ces terres morcelées provient souvent d'usages anciens, de droits coutumiers ou ancestraux ancrés dans les campagnes et peu répertoriés par les administrations. Ces terres sont essentielles à la survie des familles et ces droits d'usage sont considérés comme acquis. Mais cette incertitude sur la propriété n'incite pas les familles à investir sur le long terme ; la productivité reste très faible. Cependant, on peut constater des évolutions positives. Lorsqu'un paysan ou une famille veut vendre son lopin de terre, on passe alors devant le notaire qui inscrit dans les registres l'opération, passant ainsi d'un droit acquis oral ou d'une coutume à un acte écrit.

Au-delà du problème de leur propriété, le regroupement des terres est nécessaire pour atteindre un niveau économique viable. En France, où les droits de propriété sont inscrits dans des actes administratifs depuis longtemps, le « remembrement » a concerné, de 1960 à 1980, un total de 15 millions d'hectares, soit la moitié des surfaces cultivables. En Afrique, le regroupement des terres (pas nécessairement via un remembrement) sera un travail de longue haleine mais il est nécessaire à l'amélioration de l'efficience et de la rentabilité des exploitations.

Il ne s'agit pas, comme aux Etats-Unis ou en Europe, de créer des surfaces immenses pour organiser une agriculture intensive et très mécanisée peu appropriée à beaucoup de pays africains. Des systèmes plus simples avec des tracteurs classiques, des engins motorisés de taille modeste adaptés aux petites surfaces sont possibles et déjà utilisés. Mais même pour les surfaces modestes, il faut améliorer l'organisation pour permettre l'utilisation efficace des terres avec un minimum de mécanisation partagée. Ce regroupement de terres (coopératives ou autres) ne pourra se faire qu'en tenant compte des traditions locales, donc en l'organisant avec les autorités locales proches du terrain. Cela est possible. On a vu précédemment que la filière coton a su s'organiser et se regrouper, lorsqu'il y a au départ une volonté politique très forte.

Si le regroupement des terres est nécessaire pour la rentabilisation des engins mécaniques et l'utilisation d'intrants, il l'est tout autant pour organiser l'irrigation.

Au niveau mondial, 20 % des terres arables sont irriguées qui produisent 40 % des cultures. On voit l'effet de l'irrigation sur l'augmentation de la productivité des terres. Parfois deux récoltes, au lieu d'une, sont possibles sur la même année. En Afrique subsaharienne, seulement 3 % des terres sont irriguées. Eloignées des cours d'eau ou situées sur des nappes phréatiques trop profondes, toutes les terres ne sont pas irrigables. L'Afrique subsaharienne compte 38 millions d'hectares potentiellement irrigables dont seulement 20 % sont aujourd'hui équipés. L'Afrique du Nord est dans une situation favorable puisque presque toutes ses terres irrigables sont équipées. Le potentiel de développement en Afrique subsaharienne est donc très important. L'irrigation est un facteur sur lequel les responsables politiques peuvent intervenir car, en beaucoup d'endroits, la ressource en eau est disponible. L'installation est coûteuse, mais le retour sur investissement peut être rapide grâce à l'augmentation instantanée de la production qui double en cas d'irrigation.

Enfin, le dernier levier sur l'augmentation de la production est l'utilisation de terres inexploitées. Les spécialistes estiment que celles-ci représentent en Afrique un potentiel compris entre 200 et 250 millions d'hectares, soit huit fois la surface des terres exploitées en France ! Rien qu'au Congo Brazzaville, seuls 2 % des 10 millions d'hectares de terres arables sont exploités ! Le potentiel africain est considérable. Bien sûr, pour être exploité, il nécessite des investissements (chemins d'accès, débroussaillage, traitement des sols, équipements etc.). L'augmentation des surfaces agricoles cultivées, souvent désordonnée, n'est pas nécessairement la priorité. Il faut commencer par l'organisation plus efficace et l'amélioration des rendements des terres déjà en exploitation.

Au total, la question n'est plus de savoir que faire, on le sait, mais comment le faire. Le nombre d'études financées par les organisations internationales et endossées par les pays africains est impressionnant. Tout a été étudié, documenté et écrit. Malheureusement, comme le dit Paul Kagame, les choses avancent très peu, faute de fixer des priorités ou de ne pas les mettre en œuvre lorsqu'elles sont décidées. Les sujets sont nombreux, mécanisation, intrants, irrigation, utilisation de surfaces inexploitées etc.

L'agriculture n'est pas assez au centre des préoccupations politiques, alors qu'elle est créatrice d'emplois et pourrait nourrir le continent. Le secteur agricole africain ne reçoit que 5 % de l'aide publique au développement, loin derrière les dispensaires, les écoles ou les routes.

Pourtant, le développement de l'agriculture contribue à la création d'emplois non agricoles dans les secteurs attachés (mécanisation, engrais, pesticides). L'agriculture est un moteur du développement du continent et de la création d'emplois directs et indirects. Pour inciter au mouvement et à l'action, les déclarations politiques ne sont pas suffisantes. On l'a vu, elles sont rarement suivies d'effet. Le rôle du secteur privé est essentiel pour faire bouger les choses.

« La mécanisation agricole doit être tirée par le secteur privé, respectueuse de l'environnement, intelligente face au climat, abordable, favorable aux petits exploitants agricoles et tenir compte des intérêts des femmes et des jeunes. » Cette phrase, extraite du document *La mécanisation agricole durable : Cadre stratégique pour l'Afrique* de la FAO et de la Commission de l'Union africaine (2019), place le secteur privé au premier rang des priorités.

Il faut préciser que le développement du secteur agricole favorisera l'augmentation du pouvoir d'achat des agriculteurs qui seront mieux formés à la diffusion des technologies et des pratiques agricoles améliorées et adaptées aux conditions locales très diverses. Ce développement n'augmentera pas les emplois agricoles directs (chaque agriculteur produira plus), mais il en créera de nombreux à forte valeur ajoutée dans les industries que sont la production d'intrants, la maintenance des engins agricoles, les systèmes d'irrigation et toute l'organisation logistique nécessaire. Le nombre d'emplois possible est important. Ce sont des mécaniciens, électriciens, soudeurs, hydrauliciens, agronomes, techniciens d'usines et chauffeurs qui sont concernés. Ajoutons que ce développement local ralentira l'exode rural vers les centres urbains qui sont déjà surpeuplés et fixera donc un grand nombre de personnes dans les campagnes.

L'histoire de Tona[21], illustre les potentialités de l'agriculture en Afrique. Entrepreneur agricole du Togo, Tona vit avec son épouse Elisabeth et ses quatre enfants, à 120 km de Lomé dans le village d'Agou, où il possède des terrains.

---

[21] Tona est le partenaire togolais de l'ONG Antenna France.

Jeune enfant, Tona a perdu son père. Ecoutons-le : « Ma mère (maman mille bras) m'a éduqué avec l'aide de ma tante et m'a soutenu dans mes études à Lomé où je vivais très modestement. J'ai obtenu un diplôme de géographe qui m'a sensibilisé à l'agriculture et à l'environnement. Contrairement aux autres jeunes diplômés qui s'orientaient majoritairement vers des postes dans la fonction publique dans la capitale, je suis retourné au village. Au Togo, les gens en ville considèrent ceux vivant à la campagne comme des pauvres. » Tona était persuadé, dès le départ, qu'il lui était possible de bien vivre du travail d'agriculteur. Entrepreneur dans l'âme, il a créé des activités d'apiculture, de reboisement local, d'élevage de cochons et, plus tard, une ferme de production de spiruline (microalgue aux qualités hautement nutritives). Et, comme il est tourné vers les autres, il a créé en même temps une activité bénévole (« Jeunesse en action ») de formation aux techniques nécessaires pour les paysans locaux n'ayant pas eu la chance de bénéficier, comme lui, d'études à la capitale. Il veut éviter que les paysans continuent de quitter la campagne : « Beaucoup de paysans vendent leurs petits terrains pour partir vers Lomé. Je veux faire revenir dans les villages tous ceux partis pour la ville, qui finalement n'y trouvent pas leur bonheur. Il y a du boulot ici ! » Son épouse Elisabeth, de son côté, a créé une activité bénévole de formation des mamans du village à une meilleure nutrition de leurs enfants. Peu à peu, afin d'atteindre l'autonomie financière, Tona s'est orienté vers l'agroécologie et s'est diversifié, avec l'aide de son ami Cédric, dans des activités d'exportation de produits appréciés en France comme le poivre et le curcuma. La philosophie de Tona est simple. Elle tient en quelques mots : « Il faut avoir la volonté de se développer et, comme dit Bob Marley, ne pas s'apitoyer. »

Tona, comme tous les entrepreneurs, a rencontré des difficultés : « On a du mal à vivre dignement, les prix de vente de nos produits sont trop bas. Le gouvernement n'aide pas assez les paysans pour l'acquisition de matériel agricole et pour la mise en place de filières de transformation. La France aide le gouvernement à acquérir du matériel militaire qui, ce pays n'étant pas en conflit, ne sert pas à grand-chose. Nous préfèrerions que la France favorise le commerce qui permettrait de développer les classes moyennes locales qui pourraient acheter leur nourriture auprès de nous. »

Malgré ces difficultés, Tona et Elisabeth continuent de développer leurs activités agricoles dans la campagne togolaise. Les entrepreneurs qui ont la rage de s'en sortir existent bien !

Les lois et la réglementation favorisent-elles la croissance de la production agricole ? Un document édité en anglais par la Banque mondiale *Enabling the Business of Agriculture, 2017* attire l'attention des décideurs sur la lourdeur des réglementations : « Une réglementation excessive fait basculer les entreprises dans l'économie informelle et génère un taux de chômage élevé. Une réglementation mal conçue impose aux entreprises des coûts de transaction élevés, ce qui réduit les volumes d'échanges, la productivité et l'accès au financement. » Le document poursuit en incitant les gouvernements à libérer le secteur agricole des réglementations inutiles afin de le stimuler. L'accent est ainsi mis sur une réglementation qui est souvent tatillonne, ce qui gêne les agents économiques pour s'organiser et intervenir efficacement. La Banque mondiale, d'après des études réalisées par enquêtes auprès de nombreuses entreprises, estime qu'entre un et trois millions d'emplois sont perdus chaque année en raison des obstacles administratifs, de la corruption, de l'inadaptation des infrastructures, de la faiblesse de l'administration fiscale et la lourdeur de la bureaucratie.

On a vu que le marché existe (l'Afrique a faim) et que les besoins sont identifiés et chiffrés (mécanisation, intrants, irrigation, terres inexploitées etc.). Des choses sont possibles et marchent déjà. Mais la tâche à réaliser est immense. Certains y croient dur comme fer.

Ainsi Abdul Samiad Rabiu, homme d'affaires nigérian, huitième fortune africaine, a déclaré en juin 2020 : « Si nous développons notre agriculture, le Nigeria n'aura même plus besoin du pétrole. »

On peut donner en conclusion cet extrait de *La mécanisation agricole durable Cadre stratégique pour l'Afrique* document de la FAO et de l'UA, de février 2019 : « A moins de faire de la mécanisation une priorité absolue, le doublement de la productivité agricole ainsi que l'élimination de la faim et de la malnutrition en Afrique à l'horizon 2025 ne sera rien de plus qu'un mirage. »

Les dirigeants africains ont ainsi eux-mêmes fixé leurs priorités. Reste à réaliser la mise en œuvre. Les responsables politiques doivent impérativement impulser les actions.

Parmi les obstacles à lever pour libérer la création d'emplois figure la trop forte natalité.

Chapitre 4

La démographie
Un handicap majeur

Les médias abordent régulièrement le thème de la démographie en Afrique. Les démographes nous apportent des explications et les partis politiques s'emparent parfois de ce sujet brûlant. A l'horizon 2050, c'est-à-dire dans une génération, la population africaine devrait doubler. L'Afrique comptera alors 2,5 milliards d'habitants. Une véritable bombe à retardement, car il sera impossible de fournir un emploi à chacun.

Il est vrai que le sujet de la natalité galopante est préoccupant, mais qu'en est-il exactement ?

Le constat

L'Afrique avec 1,3 milliard d'habitants, représente 17 % de la population mondiale composée de 7,7 milliards de personnes (chiffres 2021). Selon les démographes, à l'horizon 2100, l'Afrique sera peuplée de 4,5 milliards d'habitants soit 40 % des habitants de la planète. A un horizon intermédiaire, les chiffres sont tout aussi stupéfiants. En 2050 la population africaine aura doublé atteignant quelque 2,5 milliards d'habitants. Certains chercheurs du secteur privé ne sont pas aussi alarmistes au niveau mondial.

Une étude financée par la Fondation Bill et Melinda Gates prévoit une population mondiale de seulement 8,8 milliards d'habitants à la fin du siècle. Cette étude confirme l'exception africaine, prévoyant trois milliards d'Africains en 2100. Le seul Nigeria compterait alors 790 millions d'habitants, plus que la Chine dont la population aurait été ramenée à 730 millions !

L'Afrique, quelles que soient les sources d'information, est bien dans la voie d'une dynamique démographique jamais vue. La moyenne d'âge est inférieure à 20 ans et l'espérance de vie de 62 ans (chiffres 2019).

Les femmes africaines ont, en moyenne, 4,7 enfants. Ce taux de fécondité est le plus élevé au monde. En Asie, ce sont 2,4 enfants par femme et en Europe seulement 1,7 enfant par femme, ne permettant pas le renouvellement des populations. Le nombre d'enfants par femme africaine est très variable selon les pays. Le Niger détient le record mondial avec 7,6 enfants ! L'Afrique du Sud, le Maroc et la Libye, ont des taux parmi les moins élevés, qui se situent à 2,4 enfants par femme. Partout, les femmes les plus pauvres sont celles qui ont le plus d'enfants.

La pyramide des âges est telle que les femmes en capacité de procréer (âgées de 15 à 49 ans) sont de plus en plus nombreuses en Afrique : près de 300 millions en 2020 et, si les tendances actuelles se maintiennent, elles seront 400 millions en 2030 et 600 millions en 2050. D'ici à 2050, deux milliards d'enfants africains vont naître !

L'accroissement démographique en Afrique n'est pas uniquement dû au nombre d'enfants par femme, mais aussi à la diminution de la mortalité infantile et à l'allongement de la durée de vie qui ont fait de grands progrès ces dernières années grâce à l'amélioration des systèmes de santé. Ces bonnes nouvelles en soi ont un effet mécanique sur l'accélération de la croissance démographique.

Cette augmentation rapide de la population est assez récente. L'Afrique a souffert dans le passé des traites négrières qui l'ont privée de nombreux jeunes hommes en âge de procréer, puis des épidémies liées à la colonisation qui ont sérieusement impacté sa démographie. Ainsi, en 1950, l'Afrique ne comptait que 230 millions d'habitants (9 % de la population mondiale), alors que l'Europe (au sens géographique) était peuplée de 540 millions d'habitants (soit 22 % de la population mondiale). La situation s'est totalement inversée. L'Europe a depuis augmenté sa population de 35 %, l'Afrique de 560 % !

La croissance démographique de l'Afrique ces dernières décennies a des conséquences sur son développement économique. Dans les années 1950, le niveau de vie en Afrique était supérieur à celui de l'Asie du Sud-Est. D'après Branko Milanovic[22], sur la période 1980-2000, le PIB par habitant en Afrique a baissé de 20 % alors qu'il augmentait de 50 % dans le reste du monde. Les chiffres sont un peu moins cruels sur une plus longue période : de 1970 à 2013, le PIB d'un Asiatique a été multiplié par 4,9 et celui d'un Africain par seulement 1,9. Sur cette période, la croissance économique annuelle a été en Afrique de moitié inférieure à celle de l'Asie. Pour des cas particuliers comme ceux de Madagascar et du Congo Kinshasa (RDC), les chiffres sont sidérants, leurs PIB d'aujourd'hui sont inférieurs à ceux de 1950 !

Les afro-optimistes considèrent que la jeunesse est un formidable vivier pour les économies africaines, un atout pour l'Afrique. Le « dividende démographique » (nombre de jeunes et personnes âgées à charge de ceux en âge de travailler), compte tenu de la pyramide des âges, va dans le bon sens et il est nettement meilleur que celui des pays riches où le nombre de personnes à charge de ceux qui travaillent s'accroît inexorablement.

---

[22] *Inégalités mondiales*, Branko Milanovic. Editions La Découverte, 2016.

Les afro-optimistes pensent aussi que si les dispositifs de santé, d'éducation, de protection se développent, la jeunesse d'aujourd'hui pourra transformer les pays africains en les éloignant de la pauvreté et des inégalités.

Cependant, il y a un obstacle très sérieux à cette vision des optimistes sur le dividende démographique. Le taux de développement économique du continent n'est pas assez élevé pour fournir les emplois nécessaires à toute cette jeunesse. Aujourd'hui, sur la tranche d'âge des 15-24 ans, soit 240 millions d'Africains, la moitié d'entre eux est sans travail.

On ne doit pas tomber, a contrario, dans le piège des afro-pessimistes pour lesquels la perception des réalités africaines est catastrophique : natalité incontrôlée, mauvaise gouvernance, catastrophes naturelles, corruption, fatalisme etc. L'Afrique, selon eux, ne s'en sortirait pas. L'augmentation de la population pourrait produire plus de pauvreté et un accroissement des inégalités. Il n'y aurait pas, selon eux, de solutions pour que l'Afrique sorte du sous-développement.

Face à ces deux visions un peu caricaturales, on peut opposer une vision plus réaliste de la situation. Il faut d'abord souligner que l'Afrique pourrait techniquement accueillir 2,5 milliards d'habitants en 2050 ou même plus de quatre milliards en 2100. Il y a suffisamment d'espace (terres agricoles, zones urbaines) pour tout le monde. La densité moyenne, avec de grandes disparités, est de 42 habitants/km^2, ce qui laisse une grande marge de manœuvre pour son accroissement. La densité de population en France est de 140 habitants/km^2. En réalité, l'Afrique avec ses 30 millions de km^2 est relativement peu peuplée. Avec des différences géographiques fortes, dont il faut évidemment tenir compte, le triplement de la population amènerait sa densité de population au niveau de celle de la France. Les terres africaines arables disponibles et irrigables pourraient produire suffisamment d'aliments pour satisfaire l'auto-alimentation du continent.

Une industrie du niveau de celui des pays développés pourrait fournir des emplois à tout le monde. Mais il faudrait pendant des dizaines d'années, un développement économique supérieur à celui qu'a connu la Chine ces dernières décennies. Il s'agit là de théorie, tant les conditions ne sont pas réunies. Le PIB en Chine est aujourd'hui, en parité de pouvoir d'achat (PPA), de 16 000 dollars par habitant ce qui correspond à peu près à la moyenne mondiale. Celui d'un Africain est de seulement 3 500 dollars, valeur qui était celle d'un Chinois en 2002. Concernant le niveau de vie, l'Afrique a plus de 20 ans de retard sur la Chine. Cette dernière a appliqué de1979 à 2015 la politique de l'enfant unique (un enfant par femme), programme sévère de contrôle des naissances et bénéficie toujours d'un taux de croissance économique très supérieur à celui des pays africains. L'Afrique n'est pas en cours de rattrapage de son retard sur la Chine, l'écart est au contraire est en train de se creuser. Il s'agit, par ce simple calcul, hors règles des économistes, de donner une indication instructive. Apres plus de 35 ans d'application de la politique de l'enfant unique, la Chine a enfin stabilisé le nombre de ses habitants qui s'établit à 1,4 milliard. Ce pays a abandonné cette politique en 2015. La Chine autorise maintenant des familles avec deux enfants. Il ne s'agit pas de donner ce pays en exemple. La politique de l'enfant unique a sans doute été trop radicale et non démocratique. Appliquée pendant plus d'une génération, elle a impacté fortement la pyramide des âges, ce qui posera des problèmes dans quelques années. Chacun des pays doit trouver sa solution propre.

Au total et en tout état de cause, l'Afrique n'a pas les moyens économiques de s'offrir une natalité aussi élevée. Une politique volontariste doit être mise en place. Les éléments précédemment évoqués décrivent des données au niveau global du continent africain. Les conditions locales étant différentes les unes des autres, il est intéressant de regarder de plus près la situation de quelques pays.

Niger

Le Niger compte aujourd'hui 23 millions d'habitants. En 1960, la population de ce pays avoisinait trois millions d'habitants. La fécondité la plus élevée au monde y est observée, avec 7,6 enfants par femme, suivi du Mali, pays voisin, avec 6,8 enfants par femme. D'après les prévisions des démographes, le Niger comptera plus de 60 millions d'habitants en 2050 et le taux de fécondité à ce moment-là sera encore le plus élevé d'Afrique, avec 4,8 enfants par femme. Le Niger devrait alors voir arriver 2,5 millions de bébés chaque année, contre un million aujourd'hui. Ces chiffres sont ahurissants. Et ce n'est pas fini, en 2100 on présage que le Niger comptera 200 millions d'habitants ! Le développement des infrastructures (eau, électricité, routes, communications, écoles, hôpitaux) ne suit pas ce rythme infernal d'augmentation de la population. La situation ne peut que se dégrader. Le nombre d'enfants augmentant chaque année, le pays est contraint d'allouer à l'éducation 20 % du budget de l'Etat déjà très faible et fortement impacté par les problèmes de sécurité.

Sur une longue période, l'évolution démographique supérieure à celle de l'économie a appauvri la population. Le PIB par tête a baissé de 30 % en 50 ans. Heureusement la tendance s'est inversée. La croissance économique des prochaines années est attendue autour de 6 %. Même à ce rythme, compte tenu d'une croissance démographique encore à 3,8 % par an, il faudrait à ce pays très pauvre (400 $/habitant) des dizaines et des dizaines d'années pour s'écarter de l'extrême pauvreté.

Nigeria

Avec plus de 200 millions d'habitants, le Nigeria est le pays le plus peuplé d'Afrique. Les femmes donnent naissance, en moyenne, à 5,5 enfants. Ce pays affiche, en valeur absolue, la plus forte augmentation annuelle du nombre d'habitants du continent. Aujourd'hui, une naissance africaine sur cinq a lieu au Nigeria, ce qui représente 5 % des naissances dans le monde.

Chaque année dans ce seul pays, naissent plus d'enfants que dans toute l'Union européenne. En 2050, le Nigeria enregistrera à lui seul près d'une naissance mondiale sur dix. A cet horizon, la population aura atteint 400 millions d'habitants égalant ou dépassant la population des Etats-Unis d'Amérique.

La situation urbaine, dans ce pays, devient intenable. Lagos, la principale ville du Nigeria, devenue le plus grand centre urbain de l'Afrique, compte plus de 21 millions d'habitants. Seulement 350 000 habitants y vivaient en 1960. La population devrait encore doubler d'ici 2050. A Lagos, 60 % de la population a moins de quinze ans. Les quartiers informels, en d'autres termes les bidonvilles, se développent à grande vitesse. Les infrastructures urbaines et sanitaires sont défaillantes.

Au Nigeria, l'espérance de vie est de 54 ans et le taux d'alphabétisation dépasse à peine 50 %. La pauvreté y est immense, 100 millions de personnes (la moitié de la population) sont considérées comme pauvres, selon les critères des organisations internationales. Au nord du pays, majoritairement musulman, la situation est encore plus difficile, les trois quarts de la population y vivent sous le seuil de pauvreté, 80 % des jeunes sont illettrés et la moitié des enfants ne sont pas scolarisés. De surcroît, les inégalités sont très fortes et les problèmes de sécurité mal contrôlés. L'islamisme radical devient un véritable fléau dans ce pays. On se souvient de l'enlèvement, par Boko Haram, en février 2018 de 110 écolières à Dapchi, commune au nord-est du pays. L'une d'elles, chrétienne, sous la menace de ses geôliers, refusa de se convertir à l'Islam. Toutes furent finalement relâchées un mois plus tard à l'exception de quelques-unes décédées.

Le Nigeria a-t-il les moyens de supporter sa croissance démographique ? La production d'hydrocarbures le place au huitième rang mondial et au premier rang des pays africains, lui assurant 70 % de ses recettes budgétaires. Le Nigeria est la première puissance économique de l'Afrique, mais compte tenu de sa population, son PIB par habitant est faible : 2 200 dollars par habitant, soit cinq fois moins qu'un Chinois, mais, quand même, cinq fois plus que l'habitant du Niger voisin. L'évolution du PIB, qui était de 2,2 % en 2019, était inférieure à la croissance démographique de 2,6 % la même année. En 2019, l'habitant du Nigeria s'est appauvri.

Les difficultés de ce pays sont nombreuses : pauvreté, inégalités, faible développement économique, dépendance du budget de l'Etat au cours du pétrole, jeunesse privée d'avenir, terrorisme de Boko Aram et démographie incontrôlée. Le Nigeria qui est, par son nombre d'habitants, le pays le plus riche d'Afrique est face à des défis immenses.

Botswana

Enclavé, sans accès à la mer, ce pays d'une surface équivalente à celle de la France n'a que 2,3 millions d'habitants. Le Bechuanaland, protectorat britannique, prend le nom de Botswana en 1966. Il est souvent cité comme un exemple de pays bien gouverné. L'ONG Transparency International classe ce pays comme le moins corrompu du continent et, pour la performance de sa gouvernance, la fondation Mo Ibrahim le positionne en cinquième place après l'Ile Maurice, les Seychelles, le Cap Vert et la Namibie.

Seretse Ian Khama, le président du pays, a atteint en 2018 la durée limite de la présidence imposée par la nouvelle constitution. Il a démissionné avant la fin de son mandat encore en cours, respectant scrupuleusement la Constitution, ce qui n'est pas si fréquent en Afrique. Il a été remplacé automatiquement par son vice-président Mokgweetsi Masisi qui est allé au terme du mandat en cours. En octobre 2019 ont eu lieu les élections présidentielles. A été élu le président en exercice contre lequel s'était présenté l'ancien président démissionnaire ! La bonne gouvernance n'exclut pas des luttes de pouvoir intestines.

Le Botswana est aussi un bon exemple concernant la protection de l'environnement. La chasse y est interdite depuis 2014 avec, cependant, un assouplissement imposé en 2018 par le nouveau président Mokgweetsi qui a autorisé de nouveau la chasse à l'éléphant sous certaines conditions.

Le fameux désert de Kalahari, désert non aride, occupe 70 % de la surface du pays. Chaque année, 1,6 million de touristes visitent le Botswana, apportant ainsi au pays un milliard de dollars par an. Le poids de l'économie agricole est faible car seulement 5 % du territoire est cultivable. L'exploitation des mines de diamant constitue la principale activité économique.

Lors de son indépendance, en 1966, le Botswana était l'un des pays les plus pauvres au monde. Grâce aux décisions politiques sur une longue période de 24 ans (1985-2009), l'indice synthétique de fécondation a diminué à 2,5 enfants par femme. En parallèle, sur la même période, le taux de pauvreté s'est nettement amélioré (18 % de pauvres contre 43 % auparavant). On constate ainsi les effets positifs de la diminution de la fécondité. Après un développement économique soutenu durant de nombreuses années, son PIB par habitant a atteint 8 200 dollars en termes réels et 16 400 dollars en parité de pouvoir d'achat, le classant parmi les pays les plus prospères.

Dans ce pays, l'indice de développement humain (IDH) est de 0,7, l'un des plus élevés en Afrique. Son taux d'alphabétisation est proche de 90 % et l'espérance de vie y est de 68 ans. Cependant le pays souffre, comme son voisin l'Afrique du Sud, du très sérieux problème du sida, 22 % des adultes (15-55 ans) en seraient atteints.

Au total, le Botswana a obtenu des résultats encourageants concernant son développement avec une natalité contrôlée. Ce pays montre qu'en Afrique, des pays peuvent avoir une croissance économique soutenue grâce, entre autres, à un taux de natalité raisonnable. La bonne gouvernance y est pour beaucoup.

Nous avons vu les situations contrastées de trois pays. Tous les pays africains n'ont pas une démographie galopante. A l'instar du Botswana, le Maroc, l'Afrique du Sud, La Libye et la Tunisie ont des taux d'accroissement démographique inferieurs à 1,5 %. Ce taux reste malgré tout important car il correspond, appliqué année après année, à un accroissement de la population de 50 % sur une génération (30 ans).

Malheureusement, les pays africains avec des taux démographiques élevés sont trop nombreux. Entre 2015 et 2050, deux milliards d'enfants vont naître en Afrique.

Pourquoi la natalité, en moyenne, est-elle si forte ?

L'histoire [23] de Bréhima, rapportée ci-après, illustre la problématique d'une démographie incontrôlée. Bréhima possède un magasin de produits naturels et de bien être à Niamey, capitale du Niger. Son épouse est avocate. Bréhima voyage de temps en temps en France. Ses deux enfants font des études supérieures, l'un en France et l'autre aux Etats-Unis. Dans son magasin de Niamey, il emploie cinq personnes. Il s'occupe aussi bénévolement de former des femmes africaines à la culture d'herbes médicinales et nutritives, comme le moringa, sur un terrain qu'il possède à quelque distance dans la campagne.

Un jour où nous avions rendez-vous à Niamey dans la soirée, il arrive très en colère. Il est déjà énervé après avoir appris quelques semaines auparavant que des travaux importants allaient être réalisés sur la route qui passe devant son magasin. La circulation sera très perturbée et rendra l'accès à son comptoir très difficile pendant les travaux qui vont durer plus d'un an. Les clients vont se faire rares pendant cette période et bien sûr aucune indemnité ne lui sera versée.

---

[23] Cette histoire est vraie. Les noms des personnes et des lieux ont été changés.

Voici son récit : « Je suis en retard, désolé, mais je sors du magasin où l'on a fait l'inventaire annuel. Et, bien sûr, il manque beaucoup de produits. Je sais bien pourquoi. Mon personnel est payé 65 000 CFA par mois (*environ 100 euros*). Je sais que ce n'est pas beaucoup, mais ce niveau de salaire est normal ici. Ils ont chacun cinq, six, ou sept enfants. Donc bien sûr, ils ne s'en sortent pas. Alors ils prennent chez moi des produits de bien-être, mais aussi des aliments sur les marchés. Qu'est-ce que tu veux, je ne vais quand même pas prévenir la police, ils prennent ce qu'ils ne peuvent pas acheter. Ce ne sont pas des voleurs. Moi, tu vois avec ma femme on a seulement deux enfants, car on veut qu'ils soient bien éduqués et qu'ils ne manquent de rien. Les études en France et aux Etats-Unis, ça nous coûte cher mais on veut ça pour eux. Mes employés sont incapables avec cinq ou sept enfants de bien s'en occuper, je ne sais pas pourquoi ils en ont autant, ça les appauvrit et ils ne peuvent pas bien s'en occuper. »

Inutile de rechercher un atavisme ou des traditions africaines dans cette natalité galopante. Les raisons probables, comme le laisse entendre Bréhima, sont liées au sous-développement et au manque d'institutions mais aussi aux facteurs culturels. Dans une famille pauvre, avoir un enfant est la seule richesse émotionnelle et affective. D'autres raisons plus matérielles interviennent lourdement. Le manque d'information et d'éducation des mamans, la fatalité (Dieu le veut), le besoin d'accroître la main d'œuvre familiale en particulier dans les zones rurales (en Afrique, 65 % de la population est encore rurale), la peur des parents de se retrouver seuls lors de leur vieillesse sans moyens de subsistance (il n'existe pratiquement pas de système de retraites), la crainte de la maladie d'un membre de la famille (dans des pays où la sécurité sociale n'existe pas, plus on est nombreux, mieux se met en œuvre la solidarité familiale). En bref, on recherche au niveau de la famille la solidarité intergénérationnelle que l'on n'a pas au niveau national par les systèmes de santé et de retraite.

De nombreuses études des organisations internationales montrent que plus une femme est éduquée, moins elle a d'enfants. L'analphabétisation, le manque d'éducation et la pauvreté vont ensemble. « Les taux de fécondité sont les plus élevés dans les communautés africaines les plus démunies. En République démocratique du Congo, par exemple, les femmes du quintile de richesse le plus pauvre ont 7,4 enfants en moyenne, contre 3,2 dans le quintile le plus riche[24]. » L'éducation des femmes n'est donc pas encore assez développée et l'analphabétisme malheureusement pas assez combattu. La natalité va encore longtemps prospérer.

La démographie galopante est-elle un risque ou une opportunité ? Dans les pays développés, une démographie dynamique est perçue comme une opportunité positive, car les nouveaux venus vont trouver un système de santé performant, un système éducatif existant puis un marché du travail ouvert. Mais qu'en est-il pour l'Afrique ?

Les menaces

La première menace d'une démographie trop dynamique est l'éducation défaillante des jeunes enfants.

Chaque année, en Afrique subsaharienne, arrivent 11 millions de nouveaux jeunes à scolariser. Combien de nouvelles classes à ouvrir, combien de nouveaux professeurs à former ? A Abidjan, c'est une classe par jour qu'il faut ouvrir. Au Tchad, au Togo, au Bénin et au Niger, plus de 80 % des élèves n'atteignent pas le seuil suffisant en langues et de 60 à 70 % ont des difficultés en mathématiques[25]. Dans beaucoup de pays (Mali, Burkina Faso, Soudan du Sud...), il y a, dans le primaire, plus de 40 élèves par enseignant. La République démocratique du Congo et la

[24] *Afrique, Génération 2030*, UNICEF, août 2014. Page 9

[25] *Performance des systèmes éducatifs en Afrique Subsaharienne francophone (en primaire).* PASEC 2014.

Centrafrique battent des records avec des classes de 100 enfants ! Les professeurs finissent par démissionner et parfois ce sont directement les parents qui font les cours. Dans d'autres pays (Niger, Mali, Côte d'ivoire, Tchad), jusqu'à 25 % des enfants ne sont pas scolarisés. Certes, les choses ont positivement évolué ces dernières années. Ainsi en Afrique subsaharienne, on est passé en moyenne d'un taux de scolarisation dans le primaire de 55 % en 1950 à 85 % en 2015. C'est un progrès indéniable, mais dans quelles conditions ? Sur les autres continents, le taux de scolarisation dans le primaire est de plus de 95 %. Par ailleurs, la situation risque de se dégrader dans beaucoup de pays africains tant la croissance démographique est élevée. Plus y il a d'enfants, moins ils sont bien éduqués. Les pays concernés n'ont pas les moyens financiers de procéder aux investissements dans les écoles et la formation, nécessaires pour faire face à l'augmentation du nombre d'enfants.

L'éducation défaillante n'est pas la seule menace. Il y a aussi les conséquences de la démographie sur la santé. Un million de nouveau-nés meurent chaque année sur le continent pour cause de complications lors de l'accouchement, d'infections et d'éloignement des centres de santé. Ensuite, les enfants aînés peuvent souffrir d'un manque de nourriture ou de soins liés à l'arrivée des nouveaux enfants avec lesquels il faut partager. C'est le cercle vicieux. « Si on garde le rythme actuel, en 2030, quatre pauvres sur cinq dans le monde seront Africains. L'Afrique ne doit pas devenir un musée de la pauvreté », a déclaré Akinwumi Adesina, président de la Banque africaine de développement.

L'évolution démographique va bouleverser l'organisation sociale. Les anciens (les « vieux ») qui dispensaient leurs conseils aux jeunes, sont de moins en moins nombreux en comparaison de la jeunesse qui part vers les villes et les écoutent de moins en moins. La part de la population rurale en Afrique est encore prépondérante avec 65 % de ruraux. En 2050, le ratio ruraux-urbains s'équilibrera.

Cependant, compte tenu du développement démographique, la population dans les campagnes ne diminuera pas en valeur absolue. On ne peut pas parler d'exode rural massif. En revanche, dans les villes l'arrivée des populations rurales accélère leur propre accroissement démographique. La situation va devenir intenable. La population urbaine va tripler en une génération ! « Or, les villes, lorsqu'elles ne sont pas suffisamment aménagées, peuvent devenir des enfers, au lieu d'être des endroits de production de la richesse » a expliqué Stéphanie Rivoal[26].

Lagos, première agglomération africaine avec 20 millions de citadins (elle a dépassé le Caire dans les années 2000), va devenir en 2100 la première cité du monde, avec les risques inhérents aux grandes agglomérations et leurs nombreux quartiers informels. De surcroît, Lagos qui est construite au niveau de la mer va prendre de plein fouet l'effet de la montée des eaux, conséquence du réchauffement climatique.

Une autre très grande ville, Kinshasa, capitale de la République démocratique du Congo, première cité francophone au monde avec 15 millions d'habitants dans l'agglomération va devenir surpeuplée avec de nombreux chômeurs et des quartiers pauvres et risqués. Son urbanisation très rapide, d'après de nombreuses études, va poser des problèmes très sérieux tels que le développement des bidonvilles, les embouteillages, la pollution, la criminalité, la collecte des déchets et la gestion des ressources, en particulier l'accès à l'eau.

Le manque d'emplois qui va s'accroissant devient un autre sujet d'inquiétude majeur face à une démographie trop dynamique. Les statistiques de l'OIT (Organisation internationale du Travail) sur le chômage ne donnent pas les

---

[26] Stéphanie Rivoal, ambassadrice, Secrétaire générale du Sommet Afrique-France 2020, annulé pour cause de Covid-19 et reporté à Juillet 2021 à Montpellier.

indicateurs adéquats car les statistiques en Afrique sont rarement fiables et surtout prennent mal en compte l'économie informelle par définition mal connue. L'OIT elle-même précise : « le taux de sous-utilisation totale de la main-d'œuvre est prononcé et dépasse largement celui du chômage[27]. » On estime qu'il faudrait créer chaque année sur le marché du travail africain 20 millions d'emplois pour stabiliser le chômage (ou plus exactement le nombre de personnes sans emploi). Les économies africaines ne permettant pas de fournir autant de postes, la moitié des jeunes est sans emploi. La situation pourrait devenir explosive dans certains pays. Des spécialistes estiment qu'une des principales causes des jeunes se laissant séduire par Boko Haram est l'impossibilité de trouver un emploi.

Que peuvent faire les familles devant ce manque d'emplois locaux ? Face à une situation qui semble désespérée, l'émigration est l'une des solutions pour elles. « Les Africains qui décident de partir pour l'Europe baissent les bras. Mais ils ne rendent pas les armes, ils s'échappent[28]. »

Beaucoup d'a priori dans les pays riches face à l'immigration, sujet parfois brûlant et polémique. Les chiffres parlent mieux que les longs discours. Au niveau mondial, 260 millions de personnes vivent en dehors de leurs pays d'origine (stock), soit 3,4 % de la population mondiale, dont la moitié vit dans les pays développés. Parmi eux, 36 millions d'Africains, soit 15 % des immigrés mondiaux. Si on regarde les chiffres annuels (flux) ils sont composés de trois millions de migrants mondiaux dont 13 % d'Africains. Parmi ces derniers, plus de 80 % des migrations se font à l'intérieur de l'Afrique. Contrairement aux idées reçues, peu d'Africains migrent vers les pays riches.

---

27 *Emploi et questions sociales dans le monde, Tendances 2020*, OIT

28 *La Ruée vers l'Europe. La jeune Afrique en route vers le vieux Continent* Stephen Smith. Grasset et Fasquelle, 2018.

A moyen terme, ce sont ces migrations intra-africaines qui pourraient poser problème. Vues d'Europe, celles-ci semblent naturelles et ne devraient pas poser de difficultés majeures. C'est une vision erronée. Symétriquement, les Africains pourraient penser que les migrations intra-européennes se produisent sans heurts. Il n'y a pas si longtemps, on parlait en France des « ritals » pour qualifier les immigrés italiens, puis des « romanichels » pour qualifier des Tsiganes, termes péjoratifs. Aujourd'hui dans un autre registre, on parle, au sujet des travailleurs détachés et, dans des termes moins péjoratifs et plus humoristiques, du « plombier polonais ». Ces quelques brefs rappels montrent que les migrations intra-européennes ne se sont pas toujours déroulées sans heurts.

L'évolution des migrations intra-africaines est en effet impressionnante et engendre des situations particulières déjà tendues. Il y a 20 millions d'Africains vivant dans un pays africain qui n'est pas celui de leur origine auxquels il faut ajouter autant de réfugiés et clandestins. Ce sont donc au total 40 millions de migrants intra-africains, soit 2,6 % de la population, ce qui n'est pas considérable en moyenne. Mais ces immigrés sont concentrés dans un faible nombre de pays où leur nombre peut créer des problèmes : Afrique du Sud, Côte d'Ivoire, Nigeria, Ethiopie, Kenya etc.

Le cas de la Côte d'Ivoire illustre les difficultés des migrations intra-africaines. Ce pays de 26 millions d'habitants accueille deux millions d'étrangers, soit 8 % de la population. Plus de la moitié des travailleurs immigrés sont issus du Burkina Faso, pays voisin. Le PIB par habitant au Burkina est de 730 dollars quand celui d'un ivoirien est de 1 800 dollars. Cet écart de niveau de vie, explique en grande partie ces migrations. La Côte d'Ivoire est le pays francophone le plus développé d'Afrique subsaharienne, pourtant il y a aussi beaucoup d'émigration ivoirienne. Ces mouvements importants poseront à terme des problèmes au pays.

Mais le cas le plus emblématique est l'Afrique du Sud. Les incidents de septembre 2019 mettent en lumière les difficultés provoquées par les migrations intra-africaines. Ce pays a acquis l'indépendance, comme la plupart des autres pays africains, dans les années 60. Mais il a une place à part. La ségrégation raciale a continué après l'indépendance, jusqu'en 1992, date de la fin de l'Apartheid, qui a vu l'ANC de Nelson Mandela prendre le pouvoir. Avec 58 millions d'habitants, le PIB par habitant (en termes réels) est de 6 600 dollars. C'est le pays le plus développé du continent. Il est le seul pays africain à faire partie du groupe des pays émergents appelé BRIICS (Brésil, Russie, Inde, Indonésie, Chine et S pour South Africa). Le taux d'alphabétisation est de 95 % et l'espérance de vie de 64 ans malgré l'impact du très grave problème du sida (d'après l'ONU 116 000 personnes sont décédées de cette maladie en 2017, soit presque un quart des décès).

Le fort développement économique des années 2000-2010, additionné à une longue tradition industrielle et agricole, a conduit l'Afrique du Sud à cette situation avantageuse. Sur les 50 premières entreprises africaines[29], 38 sont en Afrique du Sud ! Le charbon constitue sa principale source d'exportation. Ses centrales électriques fonctionnent encore avec cette source énergétique qui pollue grandement et fournit 90 % de l'électricité au pays. L'objectif du gouvernement est de ramener cette part à 46 % en 2030 grâce aux énergies renouvelables. Un plan de construction de centrales nucléaires a récemment été abandonné.

L'agriculture, en comparaison avec les autres pays subsahariens, est développée. Ce pays possède le tiers des tracteurs de l'Afrique subsaharienne, l'agriculture a ainsi une productivité élevée et peut même exporter. Cependant, son industrie étant importante, la part de l'agriculture pèse moins de 5 % du PIB.

---

[29] Les 500 premières entreprises africaines. *Jeune Afrique*, juin 2020

Ce développement économique enviable, à la fois de l'industrie et de l'agriculture, a attiré pendant de nombreuses années des étudiants étrangers et, compte tenu des emplois disponibles, a induit une immigration importante. Il y a en Afrique du Sud plus de 2 millions d'immigrés à comparer aux 58 millions d'habitants. Tant que l'essor économique et les emplois permettaient de les intégrer, les Sud-Africains ont accueilli les immigrés à bras ouverts. C'était le temps du charismatique Nelson Mandela. Cependant, la situation économique s'est dégradée pendant une décennie sous l'ère Yuma. La croissance économique annuelle durant la période 2016-2019 était inférieure à 1 %. Le chômage a augmenté et atteint un niveau intolérable de 10 millions de chômeurs officiels, soit un taux de 30 %. Dans ces temps difficiles, l'existence d'une forte proportion de travailleurs immigrés a provoqué de violents heurts en septembre 2019, en particulier contre la communauté des Nigérians. Il faut préciser qu'ils ne sont pas les immigrés les plus nombreux, il y a aussi des immigrés du Zimbabwe et du Mozambique, mais ces derniers sont issus de pays voisins et moins riches.

La gouvernance en Afrique du Sud a accompli récemment des progrès notables. A la présidence du pays, Cyril Ramaphosa a remplacé en 2018 Jacob Zuma après sa démission à la suite de différents scandales politiques et financiers (favoritisme) qui le touchaient. Cyril Ramaphosa s'est immédiatement attaqué à la relance de l'économie et a entamé, en 2019, une difficile réforme agraire.

Le président a dû s'excuser de ces actes xénophobes commis par une minorité, tout en précisant que les Sud-Africains n'étaient pas racistes. Ces heurts ont été condamnés par de nombreux pays Africains et les relations diplomatiques entre les deux pays en sont considérablement affectées. Le Nigeria et l'Afrique du Sud sont en compétition pour être la première puissance économique du continent, ce qui a peut-être influé sur les évènements. L'Union africaine, craignant un développement de ces mouvements xénophobes, s'est saisie du sujet. Ces tensions liées aux mouvements des populations recherchant un emploi, qui ont vocation à s'accroître compte tenu de l'évolution démographique, devront être maitrisées. En effet, le développement du continent passe par l'organisation des mobilités nécessaire à l'adaptation aux bassins d'emploi.

Mo Ibrahim, président de sa Fondation, plaidant pour les migrations intra-Africaines a déclaré en avril 2019 en clôture de son Forum annuel, l'Ibrahim Governance Week-end : « En Afrique, comme partout ailleurs dans le monde, les migrations sont bien davantage le fruit de l'espoir que du désespoir. Les Africains qui quittent leur pays natal souhaitent avoir la chance de trouver un emploi et de contribuer au développement de leur pays d'accueil. »

Concernant l'émigration vers les pays riches, chaque année, l'Union européenne accueille trois millions de migrants de toute origine.

Pour comprendre les motivations de ces immigrés, il faut entendre le récit de Souleymane[30] qui est employé dans un service public en région parisienne. Arrivé en France dans les années 90, il est maintenant naturalisé Français : « Je suis originaire du Mali. Mon père, avec femme et enfants, a quitté dans les années 80 le village de notre famille pour rejoindre la Côte d'Ivoire, pays plus développé où les gens qui ont le sens du commerce, ce qui est le cas des Maliens, peuvent réussir. Les Maliens sont nombreux à migrer, un tiers d'entre eux vivent hors de leur pays. Mon père a bien réussi en Côte d'Ivoire et la famille vivait dans l'aisance. Il envoyait régulièrement de l'argent au village. Les habitants du village, notre famille au sens large, on dirait en France cousins à la mode de Bretagne, vivent en cultivant les terres avoisinant le village sur des lopins de quatre

[30] Ceci est une histoire vraie, le vrai prénom de l'ami de l'auteur a été changé en Souleymane.

ou cinq hectares. Ces petites exploitations sans mécanisation permettent au village de simplement se nourrir, pas plus. C'est ce qu'on appelle l'agriculture de subsistance. L'argent envoyé à notre famille permettait au village de vivre un peu mieux. Mon père est ainsi devenu le chef de famille du village. Ses enfants ont étudié en Côte d'Ivoire et j'ai été repéré comme un bon élève. J'ai obtenu une bourse pour étudier l'agronomie dans une université moscovite. Mais mon grand-père, toujours présent au village, s'est opposé à ces études les considérant inutiles et a demandé à mon père que je rentre au village pour y travailler dans les conditions que l'on connaît. Après de longues palabres, mon père a emporté le morceau et je suis finalement parti à Moscou. Pendant ce temps-là, les affaires de mon père ont périclité. Il ne s'en est pas sorti et il a dû rentrer au Mali, dans son village natal, sans argent, toute honte bue. La famille s'est retrouvée sans revenus complémentaires et, en tant que fils aine, la pression familiale est venue sur moi. Je venais d'obtenir mon diplôme d'ingénieur à Moscou.

Au lieu de rentrer au pays, je suis venu en France où j'avais des proches que l'on peut considérer comme des frères (amis au sens français). J'ai obtenu un visa pour seulement un mois. Les Français me trouvaient travailleur et intelligent. J'ai rapidement trouvé un boulot auprès d'un employeur peu regardant sur les aspects administratifs. J'ai obtenu de mes « frères » un logement dans un foyer bon marché et pour lequel il n'y avait pas de formalités. J'ai pu satisfaire la pression familiale et j'ai envoyé régulièrement 70 % de mon petit salaire au village. Compte tenu de mes qualités, mon employeur a voulu me proposer un travail plus durable. Il se trouvait qu'un autre employé immigré avait obtenu un droit de séjour de long terme, mais que ce travailleur voulait retourner au pays. Moyennant la somme de 1500 Francs (200 euros de maintenant), j'ai « acheté » le permis de séjour attribué à cette personne, mon employeur et mes « frères » sachant de quoi il retournait.

Pendant 7 ans j'ai travaillé sous le nom d'une autre personne, celle inscrite sur le droit de séjour. A force de travail et d'efforts pour m'insérer, j'ai finalement obtenu un droit de séjour à mon nom, puis la nationalité française. Maintenant ma situation est parfaitement légalisée. Je me suis marié avec une Malienne, aide-soignante qui vivait déjà en France. Mes enfants sont Français. Je continue de soutenir ma famille restée au village. Mon grand-père et mon père sont décédés. Je suis ainsi devenu le chef de famille. J'essaye de pousser ma famille au village à se prendre en charge, conscient que, grâce à l'argent que je lui envoie, elle pourrait se laisser aller vers l'assistanat dont je ne veux pas. J'ai créé une association afin d'inciter la diaspora à monter, au Mali, des projets qui ont vocation à devenir autonomes dans le domaine agricole (maraichage, pisciculture, aquaculture, transformation, mécanisation de la culture, etc.). Mon intention est de retourner un jour au Mali pour y créer une activité locale créatrice d'emplois. Pour l'instant j'ai acheté un champ au village pour y réaliser mon projet de ferme d'aviculture et de pisciculture. »

Souleymane, dans une attitude responsable et positive, recherche maintenant des partenaires pour réaliser son projet qui créera des emplois locaux et améliorera la sécurité alimentaire de son village. Cette belle histoire de Souleymane résume assez bien certaines des motivations des immigrés. Contrairement aux idées reçues, les immigrés ne sont pas toujours sans diplômes, certains d'entre eux ont même une très bonne formation.

Les pays de l'OCDE reçoivent chaque année un peu plus de 600 000 Africains. L'Europe en accueille 360 000. La France en a reçu environ 140 000, sur un total de 277 000 migrants en 2020. Même en tenant compte des réfugiés, qui sont environ 30 000 par an, on est loin des clichés. L'Allemagne reçoit 1 400 000 migrants, beaucoup plus que la France. Cependant, l'Allemagne est un terrain plus propice à l'immigration car son taux de chômage est bas et sa natalité, avec 1,5 enfant par femme, est très faible. La France, avec un taux de chômage encore élevé et une démographie dynamique avec deux enfants par femme, contre trois enfants par femme en 1960, est le pays qui accueille le plus fort « contingent » d'Africains. Ils sont essentiellement originaires des pays francophones, principalement le Maroc et l'Algérie. Les 2,8 millions d'immigrés d'origine africaine représentent 45 % de la population immigrée sur le sol français.

Les migrants sont pour leur grande majorité des migrants économiques recherchant, comme Souleymane, un emploi qu'ils ne trouvent pas chez eux. Les problèmes soulevés par les immigrés clandestins, un vrai sujet politique, sont très médiatisés à juste titre mais ils masquent quelque peu l'immigration légale qui, elle, ne pose pas vraiment de problème.

Ces taux de migrations de l'Afrique vers l'Europe sont aujourd'hui acceptables malgré les protestations suscitées à l'occasion d'évènements ponctuels. Un taux d'immigration raisonnable est utile pour les pays de destination afin de compenser la pyramide des âges et la baisse programmée de la population européenne. Comme le constate Hervé Le Bras[31], démographe, on est très loin de la fumeuse théorie (ou fable) du grand remplacement. Il démontre, entre autres, que les plus forts contingents d'immigrés africains ne proviennent pas des pays au plus fort taux d'accroissement démographique. Mais, peut-être devons-nous nous inquiéter, pour les années à venir, si l'Afrique continue à avoir une croissance démographique trop élevée et une jeunesse sous-employée qui n'aura d'autre échappatoire que la révolte ou la migration.

Migrer coûte cher, entre 1 500 et 2 500 euros. Tous les candidats n'ont pas les moyens de payer une telle somme qui correspond au salaire annuel d'un cadre dans beaucoup de pays d'Afrique. La décision de partir émane souvent de la famille dont les membres se cotisent pour le départ d'un seul migrant. Les plus pauvres ne peuvent quitter leur pays dans ces conditions.

[31] *Serons-nous submergés ?* Hervé Le Bras. Editions de l'Aube, 2020

Quelques-uns procèdent alors par sauts de puces, seuls ou en groupe, ils vont de région en région, de pays en pays pour s'approcher de la Méditerranée. Trouvant des petits boulots au fur et à mesure de leurs périples, ils arrivent à économiser le coût de leur passage. Compte tenu de cela, les migrants ne viennent pas nécessairement des pays les plus pauvres.

Le développement économique des pays africains améliore le niveau de vie de ses habitants. Augmentant le nombre de personnes ayant les moyens de partir, il aurait donc un effet accélérateur sur l'émigration. De leur côté, les diasporas dans les pays de destination aident aux migrations. Un candidat au départ sera rassuré si, à son arrivée, il est accueilli et aidé à son insertion par des parents ou confrères déjà présents dans le pays. Raisons pour lesquelles, les immigrés africains en France proviennent majoritairement de pays francophones ayant partagé une histoire commune (colonisation, tirailleurs sénégalais, décolonisation, etc.). Enfin, la situation sécuritaire dans certains pays africains est de plus en plus incertaine (la France déconseille fortement aux voyageurs français d'aller dans dix pays africains). Cette insécurité incite les candidats au départ à franchir le pas.

Sous l'effet principal du manque d'emplois, mais aussi de l'aggravation de l'insécurité et de l'accroissement démographique, le risque est ainsi grand de voir, dans les années à venir, les migrations africaines vers l'Europe se développer.

Que faire ?

« Quand des pays ont encore sept à huit enfants par femme, vous pouvez décider de dépenser des milliards d'euros, vous ne stabiliserez rien. » Cette déclaration d'Emmanuel Macron, au sommet du G20 à Hambourg, le 7 juillet 2017, a fait, c'est le moins que l'on puisse dire, réagir nombre de personnes qui ont trouvé ces propos indécents. Mais cette déclaration a posé le sujet.

« Un nombre choquant de filles en Afrique deviennent mères avant d'être elles-mêmes adultes, y compris dans des situations de crise humanitaire. », « beaucoup de mères adolescentes ne retournent pas en classe parce que leurs écoles les excluent ou que leurs familles ne les laissent pas continuer leur scolarité. » Ces déclarations ont été faites par Elin Martínez, chercheuse auprès de la division Droits des enfants de Human Rights Watch, lors de la journée de l'enfant organisée par l'Union africaine à Nairobi, le 16 Juin 2019.

« La contraception est l'un des outils les plus efficaces pour lutter contre la pauvreté. Si on éduque les femmes sur ce sujet, les chances seront encore plus grandes de sortir de la pauvreté. Quand les femmes ont accès à la contraception, les familles se portent mieux. » Propos de Mélinda Gates de la Fondation Melinda et Bill Gates.

« L'évolution démographique fait de l'Afrique subsaharienne une bombe en cours d'explosion. Le taux d'accroissement de la population y est de 2,7 % par an et le nombre d'enfants par femme dépasse cinq sur tout le continent. L'âge médian en Afrique est inférieur à 20 ans alors que règne un peu partout une gérontocratie autoritaire ». Ce texte est extrait du livre de Bernard Attali *Un vent de violence* paru en avril 2019.

Ces propos ont été tenus par des personnalités qui résident dans les pays riches. Mais que disent les Africains ? Voici quelques-unes de leurs déclarations.

Jean-Paul Ngoupandé, ancien Premier ministre de Centrafrique, décédé en 2014, déclarait déjà en 1995 : « Que faut-il choisir : une croissance démographique maîtrisée permettant d'améliorer la qualité de la vie pour le plus grand nombre, ou, au contraire, une population de plus en plus nombreuse mais majoritairement analphabète, faute de moyens pour l'éducation, et de plus, misérable, composée à 75 % de jeunes condamnés au chômage et à la révolte ? »

« Jeunesse africaine : bombe à retardement ou opportunité ? », titre d'un article de Noël Ndong, Agence d'information d'Afrique centrale le 7 août 2014.

« Le chômage des jeunes en Afrique est une bombe à retardement prête à exploser. » Aboubacar Yacouba Barma, journaliste, 6 Mai 2017.

« C'est aux femmes africaines de décider combien elles veulent d'enfants, quand et avec qui. » Déclaration de juillet 2017 du Dr. Nicolas Meda, ministre burkinabé de la Santé. Ce dernier est engagé dans le Partenariat de Ouagadougou, programme ouest-africain de planification familiale lancé en 2011. Nicolas Meda souligne ainsi que les femmes africaines sont également libres du choix de faire moins d'enfants que leurs mères.

« Si vous faites sept ou huit enfants, combien d'entre eux iront à l'école et combien d'entre eux finiront chez Boko Haram ? » déclarait Mo Ibrahim, à Abidjan en avril 2019, en ouverture du forum de sa Fondation avec pour thème, cette année-là, « Jeunesse africaine : Emplois ou migrations ? »

Avant toutes ces déclarations, en 1986, il y a très longtemps déjà, le président du Niger d'alors, Seyni Kountché, osait de façon humoristique et provocatrice : « Excusez-moi, mes sœurs, mais vous pondez trop. »

De tels propos, tenus par des Africains placent le débat au bon endroit. En Afrique, l'âge médian n'est que de 18 ans, alors qu'il est de 34 ans en Amérique du Nord. La charge de cette jeunesse, même si elle prépare l'avenir, pèse sur l'ensemble de la population. Les pays africains, à de rares exceptions près, n'ont guère les moyens de fournir à cette jeunesse les écoles, les universités, les hôpitaux, ni les infrastructures de transports nécessaires. Les budgets pour la jeunesse sont déjà lourds. Les gouvernements subsahariens consacrent, en moyenne, 17 % de leurs budgets à l'éducation nationale, contre 12 % en Europe.

Par ailleurs les infrastructures de la santé étant très insuffisantes, un million de nouveau-nés meurent chaque année, en ville et à la campagne. Quant aux emplois, la moitié de la jeunesse en âge de travailler, sur la tranche d'âge 15-24 ans, est au chômage.

Mais la natalité est un sujet sensible et complexe. Boris Samuel [32] a déclaré en janvier 2020 : « La transition démographique est la résultante d'une série de facteurs, le discours qui en fait la clé de voûte nie la complexité des phénomènes qui créent la natalité. »

Ce sujet regarde l'intime conviction des familles. Chacun doit décider, mais les familles doivent être éclairées sur leurs choix. C'est le rôle du planning familial, à l'exemple de celui que dirige le ministre Burkinabé Nicolas Meda. Malheureusement le planning familial est très peu répandu en Afrique.

Si le libre choix du nombre d'enfants appartient aux familles, beaucoup de grossesses ne sont pas voulues. D'après l'ONU, dans les pays en voie de développement, 43 % des grossesses ne sont pas désirées. Il est probable qu'en Afrique ce chiffre soit similaire.

En 2016, en Afrique subsaharienne, 500 000 jeunes filles de 10 à 14 ans sont devenues mères ! [33] Difficile d'imaginer qu'elles l'ont toutes désiré. Une femme sur cinq est enceinte avant ses 18 ans. Est-ce un choix librement consenti ? En République démocratique du Congo, 48 % des filles de 15 à 19 ans sont enceintes ou déjà mères. Un rapport de la Coalition mondiale pour la protection de l'éducation contre les attaques a constaté que les filles rencontraient de nombreuses difficultés à la fois en raison de leur stigmatisation en tant que survivantes

---

[32] Chargé de recherches, Institut de recherche et de développement.

[33] Conférence internationale sur le contrôle des naissances, 11 Juillet 2017, Londres

de viol ou de violences sexuelles, mais aussi de la grossesse résultant de ces actes criminels. Certaines filles ont rapporté qu'elles ne pouvaient pas obtenir l'aide des services psychosociaux, ni de soutien, leur permettant de reprendre leur scolarité. Beaucoup font face au rejet de la famille et de la communauté. L'accroissement démographique est subi, plus que choisi.

Certains pays se sont attaqués au difficile sujet du contrôle des naissances ou de la planification familiale. Le Kenya, le Rwanda, Madagascar, le Zimbabwe et les partenaires de Ouagadougou comptent parmi eux.

Le partenariat de Ouagadougou, a été créé en 2011 par les neuf gouvernements des pays francophones d'Afrique de l'Ouest : Bénin, Burkina Faso, Côte d'Ivoire, Guinée, Mali, Mauritanie, Niger, Sénégal et Togo. Ils totalisent ensemble plus de 140 millions d'habitants. Le Partenariat de Ouagadougou est basé sur deux principes. Il mise, d'une part, sur une meilleure coordination entre les bailleurs de fonds pour optimiser leurs soutiens aux pays bénéficiaires et, d'autre part, sur une coopération aux niveaux national et régional pour remédier au taux élevé des besoins non satisfaits en matière de planification familiale. Son objectif aura été d'atteindre 2,2 millions d'utilisatrices de ses services en 2020. Eu égard aux besoins, cette action va dans le bon sens, cependant ses résultats sont très modestes.

La Côte d'Ivoire a mis en place en 2013 un programme intitulé « Zéro grossesse à l'école ». En effet, des cas de jeunes écolières venant en classe avec leur bébé n'était pas rare. Ces grossesses provenaient parfois de viols ou de relations avec d'autres élèves. Le gouvernement a pris des mesures, d'une part, pour éviter ces situations en éduquant les jeunes filles afin d'éviter les cas et, d'autre part, en leur venant en aide afin qu'elles puissent continuer leurs études. Mais, sur l'année 2017, il y a encore eu 3 700 grossesses[34].

Les choses bougent un peu, mais c'est très nettement insuffisant. L'Afrique dans son ensemble garde un taux de développement démographique trop élevé en comparaison de sa croissance économique. La population continue de s'accroitre à un taux beaucoup trop élevé proche de 3 % par an. Si la France avait accroissement démographique de ce niveau elle compterait 140 millions d'habitants en 2045 !

Il est donc impératif que les pays africains mettent rapidement en œuvre des politiques de planning familial ou, pour ceux qui les ont déjà initiées, les renforcent. Ceci est d'autant plus nécessaire que des progrès réels ont été accomplis dans la lutte contre la mortalité infantile qui est passée de 172 à 78 pour mille naissances entre 1995 et 2016.

Quelques pays ont réussi à inverser les tendances. L'Ethiopie, qui compte plus de 100 millions d'habitants, a mené une politique de planification familiale et d'éducation lui permettant de ramener entre 1995 et 2015 l'indice de fécondité de 7 à 4,3 enfants par femme. C'est encore trop mais la tendance est positive et les résultats significatifs. On peut constater que sur la même période le taux de pauvreté dans ce pays s'est amélioré, diminuant de 67 % à 26 % de la population.

Le groupe de la Banque mondiale confirme cette relation entre la baisse de la fécondité et développement économique. Cependant, selon des spécialistes la diminution de la fécondité ne conduit pas automatiquement à la réduction de la pauvreté si des mesures économiques ne sont pas prises en même temps. La baisse de la natalité est une condition nécessaire mais pas suffisante à la réduction de la pauvreté.

---

[34] *Le monde Afrique*, 5 février 2020

Laissons la conclusion à Oumar Seydi, directeur pour l'Afrique de la Fondation Bill et Melinda Gates, qui a clôturé le Forum Mo ibrahim 2019 avec ces mots : « Le problème majeur, et dont personne n'ose parler, réside dans la planification familiale. En analysant les données, on s'aperçoit que les pays affichant la plus forte croissance démographique sont également les plus pauvres. D'après notre expérience, l'investissement en faveur de la planification familiale constitue l'un des meilleurs moyens de briser le cercle de la pauvreté. Les femmes peuvent ainsi planifier leur avenir et atteindre leur plein potentiel. »

Manque d'emplois, agriculture morcelée, natalité galopante. Les choses à faire sont ainsi bien connues. Face à tous ces enjeux, comment l'Afrique va-t-elle avancer dans les années à venir ?

Chapitre 5

Afriques
Le devenir

« L'Afrique sera le continent du XXIème »,
« L'Afrique qui décolle ».

Ces affirmations souvent entendues n'ont rien d'évident. Mais elles sont cependant plausibles. Certains leaders africains montrent la voie. Comment ce continent qui aura, en 2030, 90 % des pauvres de la planète va-t-il évoluer ? Comment faire pour créer une industrie locale, pour développer l'incroyable potentiel de l'agriculture et pour enfin contrôler les naissances ? La gouvernance est balbutiante dans beaucoup de pays africains.

La gouvernance

« La faiblesse de la croissance dans les pays d'Afrique est clairement corrélée à la faiblesse de gouvernance et les responsables publics et les citoyens doivent placer la transparence et l'efficacité des institutions au cœur de leurs priorités. » Albert Zeufack, économiste en chef pour l'Afrique de la Banque mondiale, le 9 octobre 2019.

« Les Africains n'ont pas les dirigeants qu'ils méritent. » Chimamanda Ngozi Adichie, en février 2020, romancière nigériane, auteure de *Americanah* roman primé à de nombreuses reprises.

« Le Covid-19 a révélé aux chefs d'Etat l'urgence d'instaurer une réforme institutionnelle et gouvernementale. » Tony Blair, conseiller de chefs d'Etat, le 30 juin 2020, dans l'hebdomadaire Jeune Afrique.

De fait, les pays africains, pris dans leur globalité, manquent de bonne gouvernance. Sans actions politiques transparentes et démocratiques les décisions nécessaires ne peuvent être prises, ni même mises en œuvre.

Si la bonne gouvernance relève principalement des autorités gouvernementales et étatiques, elle dépend aussi des autres parties prenantes que sont les médias, universités, syndicats, entreprises, ONG, investisseurs et grandes métropoles.

Mais les faits sont là, la gouvernance marche mal. Commençons par la longévité des chefs d'Etat. L'âge moyen des chefs d'Etat africains est de 63 ans, alors que celui de la population est inférieur à 20 ans. Bien sûr, l'âge et la longévité ne sont pas synonymes d'incapacité à gérer l'Etat. Il y a même dans l'histoire de remarquables chefs d'Etat âgés qui sont restés longtemps en exercice : Felix Houphouët-Boigny, chef d'Etat de la Côte d'Ivoire, mort en fonction à l'âge de 88 ans après 33 ans de règne, ou Léopold Sédar Senghor, président du Sénégal pendant vingt ans, qui a quitté volontairement le pouvoir à l'âge de 74 ans. Plus actuel, Paul Kagame, ancien guérillero, 63 ans en 2021, est président du Rwanda, pays dit des « Mille collines », depuis vingt ans après en avoir été le vice-président pendant cinq ans. On s'accorde à dire que c'est un dirigeant africain habile, qui a une vision. Paul Kagame a lutté contre la corruption et pour le développement de son pays, même si on lui reproche parfois son autoritarisme. Il a su redresser son pays dévasté par la guerre civile qui a conduit en 1994 au génocide des Tutsis par les Hutus. Concernant ce génocide, Paul Kagame a créé une commission indépendante qui est arrivée à une conclusion similaire à celle créée par le président Macron. C'est une avancée considérable dans la relation des deux pays.

Cependant, il y a encore trop de chefs d'Etat africains âgés. En 2021, Paul Biya (Cameroun) 87 ans, et, Teodoro Obiang Nguema Mbasogo (Guinée équatoriale), 77 ans, tous deux au pouvoir depuis 40 ans, Denis Sassou-Nguesso (Congo-Brazzaville) 76 ans, réélu en mars 2021, président, en cumulé, pendant 40 ans, Yoweri Museveni (Ouganda) 75 ans, en exercice depuis 34 ans, réélu en janvier 2021. Sont au pouvoir depuis moins longtemps Alpha Condé (Guinée) 83 ans, réélu en 2020, Peter Mutharika (Malawi) 80 ans et Geingob Emmerson Mnangagwa (Zimbabwe) 75 ans.,

Une étude de l'Africa Center for Strategic Studies relève un lien entre la durée de la présence au pouvoir et la corruption. Parfois, les situations sont caricaturales. Ainsi en Guinée équatoriale, comme nous l'avons vu, la famille du président capte l'essentiel des richesses du pays dont la population se classe parmi les plus pauvres du monde.

Fort heureusement, la situation évolue, la démocratie avance ici ou là. En Ethiopie, Abiy Ahmed est devenu en 2018, à 41 ans, Premier ministre. Au Nigeria, le candidat de l'opposition Muhammadu Buhari, malgré son âge de 75 ans, a gagné les élections de 2015. Au Soudan, le général de brigade Omar-el-Bechir, resté 30 ans à la tête du pays dans le cadre d'un pouvoir personnel exorbitant, a enfin été renversé en avril 2019 par un coup d'État de l'armée, à la suite de quatre mois de manifestations populaires. Il est mis en accusation par la Cour pénale internationale, dans le cadre de la guerre du Darfour, pour génocide, crimes contre l'humanité et crimes de guerre.

D'autres grands changements ont eu lieu ces dernières années : printemps arabes, évolutions du cadre politique au Maroc, alternance démocratique dans certains pays subsahariens comme en Afrique du Sud, en Ethiopie et au Sénégal. Une étude de « The Center for Global impacts » indique que, sur la période 1960-1970, il y a eu 120 coups d'Etat. Sur la période 2010-2020 le nombre est descendu à 24. Un indéniable progrès.

Mais ce n'est pas toujours facile d'aller vers plus de démocratie. Alassane Ouattara dressant le bilan de ses neuf années à la présidence de la Côte d'Ivoire, dans son discours à la Nation prononcé le jeudi 5 mars 2020 devant l'Assemblée, avait promis de ne pas se représenter aux élections présidentielles.

Mais le décès de son successeur désigné, le Premier ministre Amadou Gon Coulibaly, le 8 juillet 2020, quelques semaines avant le scrutin, a rebattu les cartes. Finalement Alassane Ouattara, 78 ans s'est représenté à l'élection présidentielle dont le vote a été organisé le 31 octobre 2020. Cette élection, qui a vu sa large victoire, s'est déroulée dans le désordre et la confusion face à une opposition divisée qui avait appelé au boycott du scrutin. L'opposition a contesté la légalité du troisième mandat d'Alassane Ouattara. L'avenir politique de la Côte d'Ivoire est incertain. La marche vers la bonne gouvernance est un chemin semé d'embuches.

Un autre exemple qui illustre le difficile chemin vers la démocratie est le Mali. Ibrahim Boubacar Keïta, dit IBK, a été élu président, une première fois en 2013 après un coup d'Etat, puis réélu en 2018. En août 2020, il a été, à son tour, renversé par un coup d'Etat fomenté par les militaires à la suite de manifestations populaires face à l'incurie du gouvernement. IBK a officiellement démissionné. Ce coup d'Etat a été officiellement condamné par presque tous les pays. La Cédéao (Communauté des Etats d'Afrique de l'Ouest), qui regroupe quinze Etats, a bien tenté une médiation et même momentanément fermé les frontières avec le Mali. Rien n'y a fait, les militaires se sont emparés du pouvoir, ont libéré IBK et ont nommé à la tête de l'Etat un militaire, Bah N'Daw. Le calme est revenu au Mali rapidement après. La force militaire française présente sur place (opération Barkhane) est restée parfaitement neutre. Le nouveau président du Mali a indiqué très clairement que tous les accords internationaux seraient respectés. Voilà un coup d'Etat faisant suite à des manifestations populaires qui n'a fait aucune victime.

Cet évènement, au final, a été entériné par la communauté internationale. Est-ce un coup d'Etat ou un arrangement local ?

Les élites africaines ont aussi leurs responsabilités dans la situation difficile de certains pays. Comme l'indique Cheickna Bounajim Cissé, en octobre 2016, dans le HuffPost : « Il est évident que la responsabilité de l'élite africaine, intellectuelle et politique, dans la production de la pauvreté et le maintien des populations africaines dans les conditions de servitude les plus inimaginables, est totale. Et elle doit être assumée. »

Heureusement, des ONG et des médias luttent pour une meilleure gouvernance. L'exemple de Mo Ibrahim est très instructif. Anglo-soudanais (Britannique d'origine soudanaise), il est régulièrement classé parmi les personnalités africaines les plus influentes. Cet ingénieur en électronique, après avoir travaillé pour de grands groupes dans le secteur des télécoms, a créé sa propre entreprise de téléphonie mobile qu'il a vendue, en 2006, après un formidable développement. Il vit à Londres et sa fortune est estimée à plus d'un milliard de dollars.

Il a créé, l'année de la vente de son entreprise, la Mo Ibrahim Fondation dont la vocation est de contribuer à l'amélioration de la démocratie en Afrique. Chaque année, la Fondation public un index de l'évolution de la gouvernance par pays (Ibrahim Index of African Governance - IIAG). La Fondation a également créé un prix doté de cinq millions de dollars, attribué à un ancien dirigeant vertueux.

Mo Ibrahim a lui-même déclaré à propos de ce prix : « Les anciens dirigeants que nous récompensons ont les mains propres et ont donc une mauvaise retraite. Je leur dis : Voilà assez d'argent pour vivre, pour voyager. Créez votre fondation, choisissez votre cause ! Avec ce que nous leur donnons, nous les encourageons à rester de bons citoyens. Ce n'est pas cher payé. »

Il n'est cependant pas facile de trouver des candidats, le prix n'a été décerné que cinq fois depuis quinze ans : Joaquim Chissano (Mozambique), Festus Mogae (Botswana), Pedro Pires (Cap-Vert), Hifikepunye Pohamba (Namibie) et Ellen Johnson Sirleaf (Liberia). Le prix n'a pas été décerné en 2020, faute de candidats sérieux.

L'Index annuel de la Fondation Mo Ibrahim est élaboré avec quatre composantes : Sécurité et État de droit, Participation et Droits humains, Développement économique durable et, Développement humain. Chaque année l'Index donne les évolutions, progrès dans certains pays et dégradations dans d'autres. Mo Ibrahim a déclaré que « les deux tiers de nos concitoyens vivent désormais dans un pays mieux gouverné qu'il y a dix ans. »

Mo Ibrahim n'hésite pas à féliciter lui-même les pays en progression ou à blâmer les dirigeants peu vertueux. Il a ainsi lors d'un interview[35] déclaré, à propos de Abiy Ahmed, Premier ministre d'Ethiopie : « C'est un jeune homme incroyable … il est vraiment courageux et veut faire avancer son pays. » Concernant le président de la Côte d'Ivoire : « Depuis 2011, Alassane Ouattara a vraiment fait du bon travail », mais à propos de John Magufulu, président de la Tanzanie : « C'est comme s'il se prenait pour un Dieu ! » et concernant le président du Benin : « Je ne crois vraiment pas que Patrice Talon fasse du bon travail. » Sur les dernières élections en République démocratique du Congo (RDC) : « Un scrutin honteux, lors duquel le vrai vainqueur, Martin Fayulu, a été écarté. » Ainsi, Mo Ibrahim en s'exprimant très librement fait bouger les lignes : « Trop de chefs d'État africains se croient irremplaçables. »

Les travaux de la Fondation Mo Ibrahim sont très suivis par les dirigeants eux-mêmes et par les médias. Régulièrement les pays en tête de son Index sont trois petits pays (Seychelles,

[35] *Le monde Afrique*, 5 février 2020

Maurice et Cap Vert) suivis par des pays qui comptent plus comme la Namibie, le Botswana, le Ghana, l'Afrique du Sud et le Rwanda. En bas de tableau figurent, sans surprise, la Guinée équatoriale, la Libye, le Soudan du Sud et la Somalie.

La Fondation Mo Ibrahim constate dans l'ensemble un progrès : « Le niveau de gouvernance globale en Afrique maintient une tendance moyenne à l'amélioration au cours de la décennie écoulée, et environ trois citoyens du continent sur quatre vivent en 2017 dans un pays où la gouvernance s'est améliorée. » Malheureusement Mo Ibrahim indique un an plus tard, en 2018, une stagnation de la situation.

Un autre baromètre de la démocratie est celui indiqué par le site Atlasocio.com qui donne en tête du classement les mêmes pays que ceux de Mo Ibrahim à l'exception du Rwanda classé seulement 33ème. En bas de classement, ce baromètre y ajoute le Tchad, la Centrafrique et la République Démocratique du Congo.

Cependant l'amélioration de la démocratie ne fait pas tout. Une bonne gouvernance ne conduit pas nécessairement à des miracles. Pascal Lamy, ancien directeur de l'Organisation mondiale du commerce (OMC), et président du Forum de Paris pour la Paix 2019, a déclaré en décembre 2019[36] : « Le potentiel entrepreneurial et l'énergie des populations africaines sont considérables. Ce potentiel fait d'ailleurs mentir tous ceux qui considèrent que l'économie ne pourra pas croître sans gouvernance parfaite. Dans certains pays une gouvernance, à bien des égards, encore défaillante, n'empêche pas les affaires de se développer et les gens de réussir. »

Il reste que l'Afrique doit continuer sa progression vers une meilleure gouvernance sans laquelle le développement ne sera pas possible. La jeunesse africaine attend cette évolution.

---

[36] *New African- Le Magazine de l'Afrique*, le 16 décembre 2019

La jeunesse

La jeunesse de la population africaine constitue de toute évidence un atout. Rappelons que la moitié de la population a moins de vingt ans et les Nations Unies prévoient qu'en 2050, lorsque la population africaine aura doublé, la moitié de la population aura toujours moins de vingt ans.

Ces jeunes vont entrer sur le marché du travail. Quels emplois vont-ils trouver ? Ne risquent-ils pas de partir ?

« Je ne crois pas que l'avenir de la jeunesse africaine se trouve en Europe. » Ce propos est d'Akinwumi Adesina, président de la Banque africaine de développement, en novembre 2018.

Une étude approfondie, *« African Youth Survey 2020 – The Rise of Afro-Optimism »* qui a été réalisée à partir d'enquêtes, indique les aspirations de la jeunesse africaine. Elle a été financée par la Ichikowitz Family Foundation créé par Ivor Ichikowitz, riche homme d'affaires sud-africain. L'activité de la société qu'il possède, Paramount Group, est l'armement et la défense. Cet homme d'affaires, jugé trop proche de l'ANC à l'époque de Jacob Zuma, est controversé.

Quoi qu'il en soit, cette étude est très instructive sur l'optimisme de la jeunesse africaine. L'enquête a été menée dans 14 pays africains [37] auprès de 4 200 jeunes âgés de 18 à 24 ans. Elle est donc significative. On peut y lire en introduction : « Il y a une nouvelle génération de jeunes qui sont connectés au monde et qui font des choses incroyablement innovantes avec rien. Ils ne sont pas seulement optimistes quant au siècle africain, ils sont déterminés à le façonner. »

L'enquête montre que les jeunes, partageant une identité commune, sont très majoritairement pour l'unité africaine, tout

[37] Congo Brazzaville, Ethiopie, Gabon, Ghana, Kenya, Malawi, Mali, Nigeria, Rwanda, Sénégal, Afrique du Sud, Togo, Zambie, Zimbabwe.

en reconnaissant l'importance des cultures et traditions locales différentes suivant les pays. Ils sont d'ailleurs très engagés dans leurs communautés. Cependant, les jeunes pensent que l'Afrique, n'accordant pas assez d'importance à l'Union africaine, ne va pas dans la bonne direction.

L'enquête nous enseigne aussi que les jeunes se sentent une âme d'entrepreneurs. Ils pensent que la prochaine génération sera composée d'entrepreneurs résolus dans leurs objectifs et ambitions. Plus des deux tiers d'entre eux voient de l'intérêt dans le démarrage d'activités dans l'agro-business.

Quand on les interroge sur leurs préoccupations et inquiétudes, parmi dix critères, ils pointent d'abord le chômage, puis la corruption. Il est donc cohérent qu'ils considèrent majoritairement ces deux enjeux comme des priorités pour les cinq prochaines années.

Cette étude montre ainsi clairement l'optimisme des jeunes africains, tempéré par leurs inquiétudes sur le chômage et la corruption.

Pour résoudre le problème du chômage, il est essentiel de mettre en place des politiques de formation. Beaucoup de jeunes doués qui veulent faire des études partent acquérir des diplômes dans les universités étrangères. Malheureusement, certains ne reviennent pas, préférant rester dans un pays offrant plus d'opportunités. Il y a aussi, heureusement, dans de nombreux pays africains des universités réputées. Mais les diplômes d'études supérieures ne suffisent pas. Les formations d'ouvriers spécialisés et de techniciens, qui sont nécessairement locales, sont essentielles à la création d'un tissu industriel. Ces centres de formation ne sont pas assez nombreux et manquent parfois cruellement, même si certains pays comme le Maroc ont entrepris depuis longtemps l'organisation de ces formations. L'exemple du Centre du Père Michel (CPM) au Mali à Bamako est éclairant sur ce qu'il faut faire.

Le CPM est le partenaire de l'ONG Antenna France au Mali. Une ferme de production de spiruline (algue aux qualités hautement nutritives) a été installée sur les terrains agricoles que possède ce centre de formation. La conception et construction des bassins de culture de la spiruline ont été financées par l'ONG française qui a formé le personnel local à la production.

Ce centre de formation, dirigé par les pères Salésiens, est un établissement privé préparant aux diplômes de CAP et de Brevet de Technicien dans les domaines de la mécanique, en particulier pour la machinerie agricole. Il faut préciser que ce centre de formation, dirigé par des religieux chrétiens dans un pays majoritairement musulman, professe un enseignement parfaitement neutre et laïque. Il n'y a pas dans cet établissement de problème de cohabitation des religions.

Le CPM, ouvert aux garçons et aux filles, forme chaque année 500 élèves. Les frais de scolarité sont d'environ 200 euros par an en internat. Ce coût pour les élèves ne couvre pas toutes les charges de l'établissement. Le ministère de l'Education malien prend en charge 80 % des salaires des enseignants. Le CPM fait aussi appel à des ONG pour couvrir d'autres frais. Cependant, pour beaucoup d'élèves les frais de scolarité qui restent à leur charge s'avèrent élevés. Le CPM accueille préférentiellement les jeunes démunis. Afin de les aider, des bourses sont mises en place par le CPM. En complément, ce centre dispense auprès d'adultes (une centaine chaque année) des cours d'alphabétisation.

Après trois ans de scolarité, les élèves reçoivent leurs diplômes. Mais trouver du travail n'est pas facile dans un pays peu industrialisé. En effet, « Une politique de formation reste vaine si les jeunes diplômés ne trouvent pas d'emploi à la fin de leurs études », disent les Nations Unies dans le Rapport Cnuced 2019. Le CPM a donc mis en place un Bureau de l'Emploi qui a vocation à aider les jeunes diplômés à trouver du travail. Ce Bureau de l'Emploi intervient dès le début de la scolarité.

Il accompagne les élèves sur la détermination de leur choix professionnel puis, après le diplôme, les aide à trouver un emploi. Ce Bureau suit les entreprises qui pourraient avoir des besoins de main-d'œuvre spécifique et peut ainsi leur proposer des candidats nouvellement diplômés. Grâce à ce bureau, les diplômés du Centre ont une meilleure probabilité de trouver un emploi correspondant à leurs études.

L'exemple de la Société d'Energie et d'Eau du Gabon (SEEG), qui dessert l'eau et l'électricité sur le pays, est également intéressant à regarder. Cette société de service public a besoin de techniciens et d'ouvriers spécialisés, entre autres des plombiers, des électriciens et des chargés de clientèle. Compte tenu de la difficulté à trouver sur le marché du travail local ces spécialistes, la SEEG a décidé de créer un centre de formation, le centre des métiers Jean Violas. Celui-ci recrute à l'extérieur ses élèves par concours ouverts à tous chaque année et dispense aussi des cours de formation continue pour ses employés. La SEEG peut proposer aux nouveaux diplômés un emploi. Le centre Jean Violas résout ainsi la difficulté qu'elle avait pour le recrutement de spécialistes et participe à la formation de jeunes dans des spécialités dont le pays a besoin. Le centre Jean Violas a reçu l'accréditation du Ministère de l'éducation nationale du Gabon.

Ce que font le Centre du Père Michel et la Société d'Energie et d'Eau du Gabon pour former et préparer des ouvriers spécialisés et des techniciens est essentiel. Ce type de formation est nécessaire à la création d'un tissu industriel favorisant le développement économique.

Ainsi la jeunesse africaine est optimiste et entreprenante. Dans certains pays, elle dispose d'universités et de centres de formation. Mais attention, si la jeunesse est un atout pour l'Afrique, elle est aussi impatiente de résultats. Sa déception pourrait engendrer de graves troubles.

Voici l'analyse sans concession de l'économiste et essayiste malien Cheickna Bounajim Cissé, (déjà cité précédemment) d'une Afrique en pleine ébullition : « L'Africain du 21ème siècle, réfugié dans le combat pour la survie – l'expression est de Kofi Yamgnane – a changé. Il a conscience de son extrême pauvreté et de l'immense richesse de son continent et de ses dirigeants. Sa patience a des limites. Il a prouvé qu'il sait se faire entendre quand on le fait trop attendre. Dans le chaudron africain, des ruelles fumantes de Sidi Bouzid en Tunisie aux mines de platine ensanglantées de Marikana en Afrique du Sud, du centre-ville bouillant de Ouagadougou au Burkina Faso au littoral mouvementé du Puntland en Somalie, l'odeur de la colère des peuples africains, délaissés chez eux et indésirables ailleurs, ne cesse de fumer et d'enfumer. Et nul doute, dans les prochaines années, si les gouvernants africains plus soucieux de la gestion de leur temps de présence que du développement de leur pays ne leur proposent pas de meilleures conditions de vie, les populations africaines abandonnées à l'oubli et à la misère montreront du muscle en s'auto-administrant. Peut-être de façon chaotique et sarcastique ? Qu'importe pour eux si le sacrifice est déjà consommé ! Ils s'en contrefichent. Et il n'y aura ni recul ni renoncement de leur part. »

La jeunesse africaine est donc bien impatiente et dans l'attente d'emplois. Voici des propos plus nuancés qui ont été tenus par Vera Songwe, Secrétaire exécutive de la Commission économique des Nations Unies pour l'Afrique, au forum Mo Ibrahim Governance week-end 2019 : « Le débat sur les migrations est essentiellement un débat sur la gouvernance et sur ce que nos dirigeants doivent faire pour que les Africains ne quittent pas le continent. 80 % des migrants africains justifient leur décision par le manque d'emplois et un environnement défavorable en termes de perspectives économiques. »

La jeunesse africaine est un atout, mais elle reste en attente de progrès sur la gouvernance, sur la lutte contre la corruption et sur la création d'emplois.

La croissance économique

Un bref historique n'est pas inutile pour comprendre où en est l'Afrique. Son économie s'est redressée au milieu des années 1990 après de nombreuses années de fléchissement. Elle s'est développée à un taux annuel moyen encourageant de 4,6 % jusqu'au début des années 2010.

Puis, la croissance moyenne annuelle s'est accélérée jusqu'en 2015, mais ensuite le taux s'est installé en dessous de 4 % par an. En Afrique subsaharienne, la situation est préoccupante, sur la période de 2014 à 2018 la croissance économique a été inférieure à l'évolution démographique.

Qu'en est-il de l'emploi ? Le tableau est sombre : « Sur la période 2000-2014, le taux de croissance annuel de l'emploi a été de 1,8 %, soit bien inférieur aux 3 % de croissance annuelle de la population active. Compte tenu de la faible industrialisation, la croissance de l'emploi ne suit pas la croissance économique. Si cette tendance se maintient, 100 millions de personnes vont rejoindre les rangs des chômeurs en Afrique d'ici 2030. » Le rapport (Perspectives économiques en Afrique, 2019, ADB), précise qu'en l'état actuel, une évolution de 1 % de l'économie ne génère qu'une évolution de 0,4 % du nombre d'emplois.

Rappelons que la Chine, après quatre décennies de développement, a fait sortir de la pauvreté 850 millions de ses ressortissants. En 2019, la croissance chinoise a été de 6,1 %, taux le plus bas depuis quarante ans mais encore très positif et supérieur à celui de l'Afrique qui, avec 4 %, continue de se faire distancer par la Chine. La BAD espérait, avant le Covid-19, une croissance de l'Afrique de 4 % en 2020. C'eût été toujours inférieur au taux observé sur 2000-2010. De surcroît, en 2020, la crise sanitaire a fait plonger le continent dans la récession (-2 %).

Ecoutons Mark A. Doumba, financier franco-gabonais, directeur général d'Enovate Capital et directeur de la rédaction d'Africa Policy Journal à l'Université de Harvard : « L'Afrique ne se pose pas les bonnes questions. Ce serait même son problème majeur face au développement. A force de ne pas choisir de priorités, de vouloir tout faire à la fois, beaucoup de pays n'ont pas réussi à enclencher une dynamique de croissance soutenue et inclusive. »

Le problème est clairement posé. Pour booster la croissance économique, rien de tel que le développement des PME-PMI. Le Maroc l'a bien compris dont le gouvernement a lancé au début de l'année 2020, sous l'impulsion du Roi du Maroc, un programme important de soutien à l'entreprenariat. Il a été conçu pour aider les PME et TPE, les jeunes porteurs de projet et les entreprises innovantes, qui n'ont pas un accès facile au secteur bancaire. Le gouvernement marocain, afin de booster ce soutien aux entreprises, a demandé aux banques de leur allouer des prêts avec un taux d'intérêt extrêmement bas de 2 %, contre une garantie du ministère des Finances. Ce programme est très utile dans la mesure où le tissu productif est constitué à 95 % de très petites entreprises qui, ayant maintenant accès à un faible coût en capital, pourront créer des emplois. Ce programme devrait contribuer à la création de richesse, à la lutte contre la pauvreté et à l'amélioration du niveau de vie. Ce type d'action, qui nécessite beaucoup de technicités (garanties, choix des PME, suivi des projets etc.) pourrait être mis en place dans d'autres pays africains.

Par ailleurs, pour contrer les effets du Covid-19, le Royaume a mis en place des mesures précises afin d'éviter un ralentissement économique du secteur du tourisme. En effet celui-ci représente 10 % de son PIB avec de très nombreuses PME concernées. Le Maroc est en train de se positionner comme un pays modèle.

Les sociétés privées africaines et internationales qui ont réussi ne sont malheureusement pas encore assez nombreuses. L'exemple de la société Eranove, de taille moyenne, montre le chemin vers un modèle qui intègre culture, capital et talents locaux. Cette société, qui s'intitule elle-même « groupe industriel panafricain », avec plus de 9 000 employés, a presque doublé son chiffre d'affaires en cinq ans pour atteindre 600 millions d'euros annuels. L'activité de ce groupe est la gestion et la production d'eau et d'électricité dans quelques pays de l'Afrique francophone (Côte d'Ivoire, Sénégal, Togo, République démocratique du Congo, Madagascar etc.). A l'origine, cette société était une filiale du groupe français Bouygues. Aujourd'hui Eranove est soutenue par un actionnaire de référence, Emerging Capital Partners (USA). S'agissant de contrats locaux, le management est presque entièrement africain. L'actionnaire de référence fera progressivement entrer au capital des investisseurs africains. « Nous avons choisi d'avoir des partenaires africains à notre tour de table », a déclaré Marc Albérola, Directeur Général. Il est raisonnable de penser qu'un jour ce groupe sera principalement dirigé et possédé par des Africains.

Les choses bougent donc, mais trop lentement. Quelques pays africains montrent la voie vers la croissance économique, comme le Maroc, le Botswana, le Rwanda ou l'Ethiopie.

Depuis quelques années, mais aussi sous l'impulsion récente du Premier ministre, Abiy Ahmed, l'Ethiopie a considérablement fait bouger les lignes. Ce pays de 110 millions d'habitants avec un PIB par habitant inférieur à 1 000 dollars est encore pauvre, mais sa progression est très encourageante. Le PIB du pays est passé de 32 milliards de dollars en 2011 à 90 milliards en 2019. La croissance économique ces dernières années a été de l'ordre de 10 % par an. Mais en 2020, elle a été limitée à 3 % par le virus. De son côté, l'évolution démographique est en cours de ralentissement. Le nombre d'enfants par femme qui était de sept en 1995, est de quatre en 2019. C'est donc encore un pays avec une population très jeune.

Compte tenu de son histoire, l'Ethiopie est de tradition chrétienne-orthodoxe, mais les musulmans représentent un tiers de sa population. Ce pays est constitutionnellement laïc. De sérieux problèmes ethniques impactent sa sécurité. Parmi les nombreuses ethnies, plus de 80, les Oromo et les Amharas sont très majoritaires. Le Premier ministre est Oromo, son épouse Amhara, sa mère chrétienne-orthodoxe, son père musulman. C'est à lui seul une synthèse de l'Ethiopien. Il a mis fin au difficile conflit avec son voisin l'Erythrée et a reçu pour cela, grâce aux efforts qu'il a fait, le Prix Nobel de la paix en 2019. Mais il fait face aux conflits ancestraux des communautés Oromo et Amhara entre lesquelles il essaye d'instaurer le dialogue. Plus graves sont les tensions apparues à la frontière de l'Erythrée après la paix conclue avec ce pays. Le Front de libération du peuple du Tigré, parti au pouvoir de cette région éthiopienne voisine de l'Erythrée, n'a pas accepté les termes de cette paix. Un conflit armé s'en est suivi entre cette région et le gouvernement fédéral faisant des centaines de morts. Les évolutions sont malheureusement incertaines.

Sur le plan économique, l'Ethiopie reste essentiellement agricole. Sur le plan industriel, un programme de libéralisation est en cours qui verra rapidement, entre autres, l'attribution de licences de télécommunications mettant fin au monopole d'Etat. Plus de dix sociétés, internationales et africaines, ont postulé aux deux licences montrant ainsi l'intérêt et la confiance du secteur privé envers ce pays. Des parcs industriels voient régulièrement le jour. Ce pays possède aussi la première compagnie aérienne africaine, Ethiopian Airlines. La capitale, Addis Abeba est devenue une véritable plateforme aéronautique. La production hydroélectrique du grand barrage sur le Nil (barrage de la Renaissance) a démarré, très partiellement, en 2021. La mise en service de ce barrage a été retardée à cause du difficile sujet du partage des eaux avec l'Egypte et le Soudan. En effet, ces deux pays en aval seront privés d'une partie importante des eaux du Nil pendant la période de remplissage du barrage.

Les discussions qui s'éternisent portent sur le nombre d'années de remplissage, que les Egyptiens veulent augmenter et que les Ethiopiens veulent courte. L'Union africaine tente une médiation entre les parties prenantes. Ce grand barrage, financé par les Ethiopiens eux-mêmes, une fois la capacité nominale atteinte, sera apte à fournir de l'électricité à tout le pays, là où il y a des réseaux, mais aussi aux pays voisins.

Malgré une croissance économique soutenue depuis plusieurs années, l'emploi en Ethiopie reste un problème. Les statistiques officielles de l'Organisation internationale du Travail indiquent un taux de chômage de 4 %. La réalité est tout autre. Des estimations plus réalistes font état de 20 % de personnes sans emploi. L'objectif du gouvernement est de créer 20 millions d'emplois à l'horizon 2030. Un programme très ambitieux, mais la volonté est là. En bref, l'Ethiopie, malgré le conflit du Tigré, démontre par des décisions courageuses qu'elle est sur le chemin du développement économique. A travers cet exemple, l'Afrique montre qu'elle peut aller vers le développement inclusif avec création d'emplois.

Pour favoriser la croissance, certains mettent en avant le rôle des femmes. On peut ainsi lire dans le document Africa's Pulse d'octobre 2019 : « Les femmes sont un moteur de croissance et de création d'emplois en Afrique, en particulier dans le contexte d'une population jeune et nombreuse dont les attentes sont plus fortes en matière d'emploi de qualité. Les politiques qui améliorent les opportunités génératrices de revenus pour les femmes, augmentent leurs revenus et renforcent leurs compétences permettront de réduire les écarts entre les sexes. »

Les idées sont sur la table, les exemples sont là. Afin de mieux orienter les investissements vers la création d'emplois locaux, chaque projet devrait d'abord être regardé sous cet angle. Mais attention, les projets, moteurs de la création d'emplois et de la croissance, ne devraient pas être financés par de la dette publique déjà élevée. Malgré les initiatives d'allégement de la dette, celle-ci, pour ce qui concerne l'Afrique subsaharienne, est passée d'une valeur du tiers du PIB en 2016 à plus de la moitié en 2020. Ce niveau est considéré par les bailleurs internationaux comme élevé. Rappelons que pendant les Trente Glorieuses la dette publique française n'a guère augmenté. Les infrastructures publiques ont été financées par l'accroissement des recettes fiscales et les projets du secteur privé par leurs fonds propres et l'emprunt. En 1975, à la fin de cette période de forte croissance, la dette publique française était de 20 % seulement !

On perçoit l'impérieuse nécessité de l'industrialisation de l'Afrique, principal moteur de la croissance créatrice d'emplois sans dette publique. Celle-ci s'accélèrera avec des partenariats. Mais quels partenariats ?

Les partenariats, l'Europe plutôt que la Chine

L'Afrique a-t-elle besoin de partenaires ?

D'ici 2050, 450 millions d'Africains vont arriver sur le marché du travail. Un quart des travailleurs dans le monde sera alors africain. La création d'emplois est donc impérative et doit devenir la priorité des priorités. Au Forum Union européenne-Afrique, qui s'est tenu à Vienne en décembre 2018, Mr Matata Ponyo Mapon, ancien Premier ministre de la République démocratique du Congo, a déclaré : « Sans aide de partenaires étrangers et sur ses seuls fonds publics, l'Afrique pourra créer 250 millions d'emplois. Avec ces aides extérieures, ce chiffre atteint 500 millions. C'est là où l'Union européenne pourra aider, surtout pour les PME, qui représentent 90 % du secteur formel créateur d'entreprises. »

Ce point de vue est largement partagé en Afrique. Comme toutes les régions du monde, l'Afrique a besoin de partenaires sur les plans économique et politique.

Une brève analyse des échanges économiques actuels de l'Afrique avec le reste du monde est utile avant d'analyser l'utilité et la pertinence des partenariats futurs.

Le premier pays partenaire commercial de l'Afrique est la Chine. Les échanges commerciaux (chiffres 2018) s'élèvent à 125 milliards d'euros, soit 17 % des échanges du continent. Viennent ensuite la France puis la Grande-Bretagne.

Mais si l'on regarde au niveau de l'Union européenne, et non plus au niveau de chacun des pays européens, celle-ci est de loin le premier partenaire de l'Afrique avec 235 milliards d'euros annuels, qui représentent 32 % du total des échanges commerciaux du continent. Ceux avec la Chine sont donc bien moindres. Les Etats-Unis, avec 6 % du total des échanges, sont très loin derrière. Ces montants peuvent paraître élevés mais en réalité ils sont faibles. En effet, l'Afrique ne totalise que 3 % du commerce mondial. Le potentiel de développement des échanges avec ce continent est donc très élevé.

Un autre critère important, qui traduit la confiance dans l'avenir, est le montant des investissements. Le stock des investissements du secteur privé européen en Afrique est de plus de 290 milliards d'euros soit 40 % des investissements directs étrangers (IDE) sur le continent, contre 7 % pour les États-Unis et 5 % pour la Chine. De nouveau l'Union européenne est loin devant. Par pays, le premier investisseur est la Grande-Bretagne suivie des Etats-Unis puis de la France.

Partant de cette situation, quel pourrait être l'avenir ?

Constatons d'abord que les Etats-Unis sont peu intéressés par l'Afrique. Les aspects diplomatiques et sécuritaires comptent plus que les échanges économiques qui restent modestes. Fin 2018, les Etats-Unis avaient tenté une nouvelle stratégie pour l'Afrique mais rien n'est venu. Le président Trump, qui ne s'est jamais rendu en Afrique, a même parlé vulgairement de *shitholes countries* (pays de merde) !

L'arrivée au pouvoir de Joe Biden changera peut-être la donne, mais fondamentalement les États-Unis n'ont pas la posture pour devenir un partenaire essentiel de l'Afrique.

Ensuite, l'Inde, la Russie, la Turquie et le Japon évoquent fréquemment des relations avec l'Afrique qu'ils voudraient, séparément, accroître. Mais celles-ci restent limitées. Les échanges avec la Russie, par exemple, ont totalisé 17 milliards de dollars seulement en 2018, principalement dans le domaine de l'armement en Afrique du Nord.

En réalité deux entités, l'Union européenne et la Chine, s'affrontent pour rester ou devenir le premier partenaire de ce continent.

De quels types de partenariats veulent les Africains ? Ecoutons les :

« Nous ne voulons plus d'une relation centrée sur l'aide mais sur les intérêts communs. » Carlos Lopez, en Juin 2020, Conseiller à la présidence de l'Union africaine, économiste bissau-guinéen, conseiller pour les négociations avec la Commission européenne.

« L'Afrique n'a pas besoin de baby-sitters. » Paul Kagame, en 2019, président du Rwanda.

En bref, les Africains veulent des partenariats équilibrés. L'Europe y est-elle prête ? Ecoutons maintenant les Européens :

« L'Afrique n'a pas besoin de charité, elle a besoin d'un partenariat équilibré. » Jean-Claude Junker, président de la Commission européenne, dans son discours sur l'état de l'Union devant le Parlement européen en septembre 2018.

« L'UE peut faire beaucoup plus en la matière, à condition de regarder le continent avec des lunettes africaines et non pas européennes. » Antonio Tajani, le 20 juin 2019, président du Parlement européen,

« L'Afrique a énormément à offrir. C'est un continent jeune, décomplexé, puissant, un territoire qui avance. » Tweet d'Emmanuel Macron le 12 septembre 2019.

« Les Européens doivent définitivement abandonner leur eurocentrisme et se débarrasser de certains préjugés pour lancer un vrai partenariat d'égal à égal avec le continent. » Josep Borrell, le 6 mai 2020, haut représentant de l'Union européenne pour les affaires étrangères et la politique de sécurité.

« Partenaires naturels », « nombre de nos priorités sont les mêmes. » Ces mots ont été prononcés par Ursula von der Leyen, présidente de la Commission européenne, au siège de l'Union africaine en Ethiopie, en février 2020.

Les partenariats sont bien inscrits dans les priorités des Africains et dans les objectifs de l'Union européenne. L'accord de Cotonou, signé en juin 2000, concerne les relations de coopération politiques, économiques et financières entre l'Organisation des États d'Afrique, des Caraïbes et du Pacifique (OEACP) et l'Union européenne. Ce sont 79 pays membres qui sont concernés dont 48 d'Afrique subsaharienne. Cet accord renouvelé en 2021, dit maintenant « post-Cotonou », vise à réduire la pauvreté et contribuer à l'intégration progressive de ces pays dans l'économie mondiale. Il est renforcé pour développer la croissance, la création d'emplois et aborde également les politiques migratoires. Compte tenu des évolutions récentes en particulier dans le Sahel ce nouvel accord inclut également les aspects sécuritaires.

L'Union européenne et l'Union africaine tiennent tous les trois ans des réunions dites Sommet UA-UE. A l'issue sixième Sommet à Bruxelles en octobre 2020, ont été actés les termes du futur accord précité. Ces sommets, très préparés, permettent à chaque fois de faire des avancées.

Si l'Union européenne, en tant que telle, a des accords avec l'Afrique, chacun des pays Européens a lui aussi ses propres accords.

Compte tenu de son histoire, du difficile passé de la période coloniale, du bien commun qu'est la Francophonie, la France tient une place particulière. De nombreux accords lient la France à plusieurs pays africains. La monnaie commune à 14 pays Africains, le franc CFA[38], garanti par la Banque de France, fait partie des enjeux en cours d'évolution. Le franc CFA de l'UOMA (Afrique de l'Ouest) pourrait bientôt être remplacé par l'Eco qui couvrira un plus grand nombre de pays dont le Nigeria. Ce projet de nouvelle monnaie a été annoncé par Alexandre Ouattara en décembre 2019. La France, partie prenante à la gouvernance du franc CFA, ne sera pas dans la gouvernance de l'Eco. Mais il faudra du temps pour que tous les pays participant à cette nouvelle monnaie parviennent à un accord sur les garanties à mettre en place et sur la monnaie ou panel de référence.

Des accords d'assistance militaire accompagnent parfois les discussions sur les partenariats, tel celui de l'opération Barkhane au Sahel visant à lutter contre les groupes terroristes salafistes-djihadistes.

Concernant la langue française, le futur de la Francophonie, à travers l'Organisation Internationale de la Francophonie, est en Afrique. Sur 88 pays membres de cette organisation, 31 sont africains avec 130 millions de locuteurs (les habitants d'un pays francophone ne parlent pas tous le français). La Secrétaire générale est une Rwandaise, Louise Mushikiwabo. Selon les prévisions, en 2050, 85 % des locuteurs français au monde seront africains ! La France est présente aussi avec les 260 000 Français vivant en Afrique dont la moitié dans les pays francophones. Cependant, la France perd chaque année des parts de marché en particulier aux dépens de la Chine. En 2000, la part de marché de la France en Afrique était de 11 % et, en 2017, elle avait baissé de moitié. La part de marché de l'Union européenne est quand même de 32 %.

---

[38] Pour le franc CFA (franc de la Communauté financière en Afrique) il y a deux zones monétaires : UEMOA (huit pays, Afrique de l'Ouest) et CEMAC (six pays, Afrique centrale).

Les choses bougent dans le bon sens. A titre d'exemple, la Fondation Afrique-Europe visant à promouvoir des partenariats a été créée en décembre 2020. Cofondée par la Fondation Mo Ibrahim et les Amis de l'Europe, ce forum indépendant a vocation à faciliter le dialogue stratégique entre des parties prenantes diversifiées des deux continents, institutions, gouvernements, entreprises, secteur financier et organisations de la société civile. Cinq groupes stratégiques ont déjà été lancés : Santé, Numérique, Agriculture, Énergie, Transports et Connectivité.

La France, quant à elle, bénéficie des services du CIAN (Conseil français des investisseurs en Afrique) qui, depuis de nombreuses années, guide les entreprises pour investir en Afrique. Le président Macron a créé, en 2017, un Conseil présidentiel pour l'Afrique qui a pour objectif d'apporter au président de la République un éclairage sur les enjeux de la relation entre la France et les pays du continent africain. Malgré cela, la France perd des points sur son image auprès des leaders africains. Du travail reste à faire.

Globalement, l'Union européenne, premier partenaire de l'Afrique fait face à autre partenaire majeur qui veut imprimer sa marque sur le continent : la Chine.

Comme on l'a vu, ce pays commerce beaucoup avec l'Afrique mais y investit assez peu. Depuis les années 2000, l'empire du Milieu réalise des projets d'infrastructures (routes, ponts, voies ferrées) et prête l'argent aux pays concernés afin de pouvoir les réaliser. Ces prêts alimentent les spéculations sur le surendettement des pays africains. Une autre inquiétude vient de l'asymétrie des contrats de prêts qui sont souvent gardés confidentiels.

Sur un autre continent, l'exemple du port d'Hambantota à Colombo, est très instructif sur la façon dont opèrent les Chinois. Sur la « route de la soie » se trouve Colombo, capitale du Sri Lanka. Bien placée, cette île au sud de l'Inde, se trouve sur la route maritime de l'Asie vers le Moyen-Orient et l'Europe.

Compte tenu de cet emplacement, la Chine a proposé au gouvernement sri lankais de construire et financer, par un prêt, un port d'envergure. Le projet faisant sens, un contrat de 1,3 milliard de dollars a été établi pour la construction d'un nouveau port et d'un ensemble immobilier avec la China Communication Construction Company. Les travaux ont commencé en 2013. Les conditions environnementales des travaux ont été très critiquées par les ONG (disparition de plages, destruction de coraux et de réserves de poissons), mais la construction du nouveau port et de l'ensemble immobilier a été achevée. Ce projet, dont la rentabilité ne peut être calculée que sur une très longue durée, tarde à monter en puissance (port pas encore assez fréquenté et centres d'affaires peu occupés). Les Chinois sont patients et savent que les routes de la soie vont progressivement se développer. En attendant le gouvernement sri lankais, dès la construction terminée, a dû faire face aux annuités de remboursement du prêt chinois alors que les recettes du port tardaient à atteindre le niveau attendu. C'est ainsi que, fin 2017, les Chinois ont obtenu du gouvernement la concession (recettes et dépenses) du port et des terrains attenants contre l'abandon du remboursement du prêt. La durée de la concession est de 99 ans ! Les Chinois ont maintenant un port et un ensemble immobilier à eux sur la route de la soie…

Si une entreprise européenne avait agi de la sorte, ne doutons pas que des critiques acerbes auraient fusé.

Toutes les réalisations chinoises ne sont pas aussi caricaturales que celle évoquée ci-dessus, mais force est de constater que leurs projets entrent souvent dans un cadre favorisant les échanges commerciaux avec la Chine.

La liaison ferroviaire qui relie la capitale éthiopienne au port de Djibouti (3,7 milliards de dollars) a été réalisée par la China Civil Engineering Construction Corporation entre 2010 et 2016. Financée par Exim Bank of China et opérée par l'Ethiopian Railways Corporation, cette liaison participe au développement de l'économie éthiopienne. Mais elle bénéficie aussi à la Chine qui, à l'aller, inonde de produits chinois le marché éthiopien, et, au retour, importe des matières premières éthiopiennes. Tous ces échanges s'effectuent à travers le port de Djibouti dans lequel les Chinois sont de plus en plus présents et y investissent pour des raisons commerciales mais aussi pour des raisons stratégiques. En effet, Djibouti est la porte d'entrée dans le golfe arabique et accueille dans le cadre de partenariats les puissances mondiales. Pékin y a ainsi installé une base militaire aux côtés de celles des Etats-Unis, de la France, de l'Italie et du Japon.

Il en va de même pour la liaison ferroviaire au Kenya, entre la capitale Nairobi et Mombasa, port sur l'océan Indien. Réalisée pour 3,6 milliards de dollars par une autre compagnie chinoise (China Road and Bridge Corporation) et inaugurée en juin 2017, cette liaison de 470 km permet des communications simplifiées (transport de voyageurs et marchandises) entre la capitale et le grand port du pays. Mais cette liaison donne aussi à la Chine accès au marché kenyan dont elle est l'un des principaux fournisseurs, sinon le premier. Ce projet a connu les soubresauts d'une affaire de corruption. En effet, en août 2018, un haut fonctionnaire kenyan et le directeur de Kenya Railways, soupçonnés de corruption ont été arrêtés ainsi que sept dirigeants du constructeur, la China Road and Bridge Corporation dont trois ont été inculpés en novembre 2018. La fin de l'histoire n'est pas encore connue, mais la Chine n'échappe pas à ce type de dysfonctionnement souvent reproché aux sociétés occidentales.

Nombre des projets africains financés par la Chine entrent dans le cadre des routes de la soie pour lesquels l'empire du Milieu a investi 150 milliards de dollars, au niveau mondial entre 2000 et 2017. Les dirigeants africains apprécient souvent ces projets spectaculaires. Lors du 7ème sommet Chine-Afrique, tenu les 3 et 4 septembre 2018 à Pékin, 53 des 54 pays africains y étaient représentés au plus haut niveau. Xi Jinping a promis 60 milliards de dollars pour le développement de l'Afrique. Ce ne seront pas uniquement des prêts commerciaux, car 15 milliards seront affectés sous forme de dons et de prêts sans intérêts. Voulant faire face aux critiques, Xi Jinping a précisé que seuls les projets viables économiquement seraient financés. De nombreux chefs d'Etat présents n'ont pas caché leur satisfaction. Le président du Nigeria, Muhammadu Buhari, a déclaré : « Les infrastructures financées par la Chine sont vitales pour le Nigeria qui est capable de rembourser ces prêts. » Le président du Rwanda, Paul Kagame, à l'époque aussi président de l'Union africaine, a de son côté indiqué : « Ceux qui critiquent la Chine sur la dette ne donnent pas assez. » Ces déclarations, peut-être sincères, relèvent aussi de la diplomatie, pour ne pas prendre le risque de froisser un partenaire de cette importance.

La population africaine est-elle aussi optimiste que ses dirigeants ? Une affaire en République centrafricaine, a été médiatisée grâce au prêtre italien, Aurelio Gazzera. Des entreprises chinoises exploitent dans la région de Bozoum située au nord-ouest de la capitale Bangui quatre mines d'or le long de la rivière Ouham. Aurelio Gazzera, soutenu et poussé par la population locale, a alerté les autorités de la capitale (Parlement et gouvernement) sur le peu de respect de l'environnement et les conditions de travail des employés des mines. Divers rapports ont été diligentés, certains cherchant à protéger les opérateurs chinois, d'autres dénonçant les dégradations environnementales. Les mines d'or ont besoin de mercure pour extraire l'or de la roche. Des mesures faites par des laboratoires indépendants ont démontré un dépassement de la concentration en mercure dans l'eau de la rivière en aval des exploitations, de 4 à 26 fois la norme standard. Chacun sait que le mercure est un polluant très dangereux pour la santé. L'exploitation a été suspendue, puis reprise dans le flou des décisions parlementaires. En avril 2020, Amnesty International s'est saisie de l'affaire et l'a dénoncée, espérant faire bouger le gouvernement. La Centrafrique est un pays classé parmi les plus pauvres du monde (PIB par habitant de 450 dollars). Avec 5,2 millions d'habitants, c'est un pays instable avec des milices armées qui contrôlent deux tiers du territoire. L'exploitation des gisements d'or est donc importante pour l'économie du pays qui a manifestement des difficultés à exercer son contrôle sur la production. Malgré ces difficultés, la Chine essaie d'améliorer ses relations avec ce pays. En mai 2020, elle a offert des kits pour contrer le Covid-19 qui sévit en Centrafrique.

L'image de la Chine auprès des populations africaines s'est aussi dégradée lors de la découverte à Canton, en avril 2020, d'étudiants africains qui avaient attrapé le virus. La population chinoise a parfois très mal réagi en expulsant de leurs logements les étudiants africains, dont la majorité n'étaient pas atteints par le virus, les a interdits dans certains commerces et parfois même dans les hôtels. Ces amalgames ont été très mal vécus par le Nigeria dont plusieurs ressortissants étaient concernés et plus généralement par l'Union africaine qui a demandé aux autorités chinoises de prendre des mesures. Le ton est monté et a fini par se calmer. Mais cet épisode a laissé des traces auprès des Africains.

Les critiques sur la façon de procéder de la Chine en Afrique se font de plus en plus sévères. Voici quelques citations :

« La lune de miel entre la Chine et l'Afrique est bel et bien terminée. L'enchantement des premiers temps est en train de laisser la place à une relation plus mature et plus pragmatique. » L'Afrique en question n° 22 Chine-Afrique : la fin de la lune de miel, Thierry Vircoulon et Victoria Madonna, juillet 2015.

« Les Chinois procèdent à une nouvelle forme de colonisation en Afrique mais aussi en Amérique latine et en Europe et cela est contre notre intérêt. Nous ne devons pas abandonner l'Afrique aux mains des Chinois ... Du reste, je ne sais pas si les Chinois ont un intérêt pour le développement de l'Afrique, ils ont un intérêt pour contrôler le commerce et les matières premières avant tout. » Antonio Tajani, président du Parlement européen du

17 janvier 2017 au 3 juillet 2019, dans *La Tribune Afrique* le 20 juin 2019.

« Si le système chinois impressionne, notamment en Afrique ou en Asie, ou parfois fait peur, il ne séduit personne à l'exception de quelques dirigeants. » Hubert Védrine dans Jeune Afrique, en Juin 2020.

Avant eux, en 2013, un ancien directeur de la banque nationale du Nigeria, Lamido Sanusi[39], avait déclaré en anglais, dont voici une traduction libre : « La Chine prend donc nos produits primaires et nous vend des produits manufacturés. C'était aussi l'essence du colonialisme. »

Une enquête du journal *Le Monde*, publiée le 26 janvier 2018, a révélé que le siège de l'Union africaine, situé à Addis Abeba, construit et financé par la Chine (« don aux amis de l'Afrique »), aurait été espionné grâce à des matériels installés lors de la construction du bâtiment. Le gouvernement Chinois a naturellement démenti. Il semble d'ailleurs que les Chinois ne soient pas les seuls à espionner l'Union africaine.

Certains vont beaucoup plus loin dans les critiques de la politique chinoise. Ainsi, Emmanuel Véron, enseignant-chercheur, géographe, spécialiste de la Chine a déclaré, assez violemment, à France-info Afrique en juin 2019 : « Je pense que l'image de la Chine se dévoile de plus en plus dans les faits auprès des populations africaines qui n'y trouvent pas leur compte...Des groupes criminels et mafieux chinois très structurés et liés à des diasporas font des affaires juteuses, en exploitant ces ressources pour le marché chinois. Les contrebandiers se régalent. »

Il apparaît clairement que les Chinois travaillent en Afrique en vue de leurs intérêts. Importation de matières premières

---

[39] Lamido Sanusi qui a son franc-parler, est devenu par la suite Emir de l'Etat de Kano situé dans le nord du Nigéria. Il a été destitué en mars 2020.

africaines et exportations vers l'Afrique de biens de consommation produits en Chine. Le nombre de Chinois présents en Afrique est mal connu, il serait situé entre 550 000 et 800 000. En résumé, les Chinois font du commerce. Peut-on le leur reprocher ? Non, bien sûr. Encore faudrait-il ne pas faire passer des partenariats commerciaux pour de l'aide au développement et que les termes des contrats soient équilibrés. En réalité, les volumes des échanges sino-africains sont faibles au regard du total des échanges mondiaux chinois.

Mais l'empire du Milieu ne fait pas que du commerce. En mai 2020, elle a promis deux milliards de dollars aux pays Africains les plus impactés par le Covid-19. Les aspects politiques et géostratégiques de cette relation sino-africaine sont sans doute tout aussi importants voire plus importants que les aspects commerciaux. Voici ce que déclarait, à propos de l'ONU, Éric Orlander[40] du China Africa Project, journaliste spécialiste de la Chine : « Pékin s'intéresse de plus en plus aux votes africains qui renforcent sa position mondiale et soutiennent des intérêts stratégiques fondamentaux dans son affrontement de plus en plus acerbe avec les États-Unis, l'Europe et d'autres pays. »

En résumé, l'Union européenne et la Chine sont bien en concurrence, voire en compétition, pour nouer et développer des partenariats avec les Afriques. Mais il y a de la place pour tout le monde car les besoins sont immenses. Compte tenu de son histoire et du chemin déjà parcouru l'Union européenne est en avance sur la Chine. Comme l'a dit la présidente Ursula von der Leyen, le 11 mars 2020 : « L'Afrique est la partenaire toute désignée de l'Union européenne et sa voisine ».

Les relations commerciales des pays africains avec les autres parties du monde sont importantes pour développement du continent. La faiblesse du marché intérieur africain est un obstacle majeur à ce développement.

---

40 Tribune dans *Jeune Afrique*, le 8 Juillet 2020

Le marché intra-africain

Les échanges économiques entre les pays africains ne représentent que 16 % du total de leurs échanges. Ce niveau est très faible en comparaison de celui des autres zones économiques mondiales. Le marché intra-européen représente 70 % et celui intra-asiatique 60 %.

Pourquoi le marché intra-africain est-il aussi faible ? Les échanges entre les pays africains sont très modestes d'abord parce que la production manufacturière en Afrique est insignifiante. Ensuite parce que les infrastructures de communication entre les pays manquent (routes, voies ferrées et aéroports) et que les réglementations douanières sont complexes. Les formalités administratives aux frontières lors du passage des camions et des transports de personnes sont interminables. Un industriel a expliqué, discrètement, que ses chauffeurs de camions emportaient avec eux, afin d'accélérer les procédures, deux enveloppes, une pour la douane, une pour la police des frontières, faute de quoi plusieurs jours pouvaient être perdus dans la file d'attente. De même, les liaisons aériennes directes entre pays africains sont rares.

Pour pallier à ce manque d'échanges économiques intra-africains, l'Union africaine (UA) a mis en place un accord commercial intra-africain.

Grâce à l'ardeur du président du Rwanda, Paul Kagame, alors président de l'Union africaine, l'accord sur la zone de libre-échange continentale africaine (Zlecaf) a été signé, après plusieurs années de négociations, le 21 mars 2018 à Kigali, lors du Sommet extraordinaire de l'Union africaine. L'objectif de la Zlecaf est de créer un marché intérieur africain en supprimant progressivement les tarifications douanières et en facilitant les échanges de biens et de personnes. Cet accord est entré vigueur, après sa ratification par 22 pays, le 30 mai 2019. Il est devenu opérationnel début 2021, après plusieurs reports pour cause de Covid-19. Cet accord a été adopté par 52 pays africains sur 54.

La Zlecaf est en ordre de bataille avec son siège à Accra, capitale du Ghana, et son premier Secrétaire général le Sud-Africain Wamkele Mene.

Le Nigeria voulant protéger son marché intérieur a longtemps été réticent, mais a fini par signer l'Accord. Il était essentiel que ce pays représentant 20 % du PIB de l'Afrique rejoigne la Zlecaf. A l'inverse, l'Afrique du Sud, pays également très industrialisé, mais au marché intérieur moins dynamique, a milité pour une accélération afin d'accéder plus facilement aux autres marchés.

Un document de la Banque mondiale indique « ...il ne suffit pas que l'Accord de libre-échange continental africain soit opérationnel et global. Il doit également changer des vies, réduire la pauvreté et contribuer au développement économique. » En effet, l'implémentation de cet accord contribuera, dans les 15 prochaines années, à sortir de la pauvreté 100 millions de personnes supplémentaires (30 millions de l'extrême pauvreté et 70 millions de la pauvreté modérée). Cet accord devrait aussi favoriser une progression de 20 % des exportations vers les autres continents et un quasi doublement du marché intra-africain !

Certains Africains s'enthousiasment, ainsi Akinwumi Adesina, président de la Banque africaine de développement : « L'Afrique est sur le point de réaliser un exploit historique qui pourrait potentiellement libérer sa productivité et assurer une prospérité durable. Cette année, l'accord portant création de la zone de libre-échange continentale africaine est entré en vigueur. Il s'agit d'une étape cruciale dans l'agenda 2063 de l'Union africaine qui ouvre la voie à un marché africain unifié... »

Il faut cependant noter que les pays africains industrialisés vont mieux profiter de cet accord que les pays en retard de développement. Par ailleurs, à court terme, les Etats vont perdre des recettes fiscales issues des tarifs douaniers. Les pays les mieux préparés sont ceux qui ont pris des mesures facilitant le commerce comme, le Kenya, le Nigeria, le Togo et le Zimbabwe.

Mais au total, cet accord sera bénéficiaire aux entreprises africaines et, par là-même, à tout le continent.

La Zlecaf facilitant le commerce intra-africain va aussi permettre aux industriels internationaux implantés quelque part en Afrique de se développer. A partir de leurs bases, ils pourront accéder plus facilement aux autres marchés africains. Cet accord devrait donc aider à convaincre des sociétés internationales d'investir en Afrique et, ainsi, de créer des emplois. Afin de ne pas favoriser l'importation de produits étrangers, la Zlecaf prévoit, pour les taxations aux frontières, des règles d'origine favorisant les marchandises produites sur le sol africain et pénalisant les produits importés de l'extérieur de l'Afrique.

Le commerce devrait donc rapidement se développer. Cependant des obstacles existent : accès limité à l'énergie, manque d'infrastructures, problèmes de sécurité, conflits et corruption. Il faudra lever ces obstacles pour que l'accord développe tout sa puissance

En conclusion, écoutons le président en exercice de la Commission de l'Union africaine, Moussa Faki Mahamat, en août 2020 : « Nous sommes maintenant la plus grande zone de libre-échange du monde depuis la création de l'Organisation mondiale du commerce, et nous devons faire en sorte que cela compte. »

Cet accord historique facilitera l'industrialisation de l'Afrique, mais il subira dans les années à venir, à n'en pas douter, soubresauts et critiques.

L'Afrique, continent du 21ème siècle ?

Un sondage, évoqué précédemment, indique que les jeunes Africains sont 65 % à penser que l'Afrique sera le continent du siècle. Ils sont donc optimistes, mais, dans le même temps, leur inquiétude principale est de trouver un emploi.

Les tendances vont-elles dans le bon sens ? A lire les rapports de la Banque mondiale, qui disent qu'en 2030 l'Afrique concentrera 90 % des pauvres de la planète, on peut s'inquiéter. La manque de croissance et le défaut de création d'emplois privent les gouvernements de recettes fiscales. La création d'emplois pour favoriser le développement économique et satisfaire cette jeunesse impatiente doit être la première priorité des décideurs. Si les pays africains échouent, les travailleurs africains sans emploi pourraient prendre la voie de l'émigration et, dans ce cas, les pays européens seront, de fait, la zone de prédilection. L'Afrique pourrait alors devenir le problème du 21ème siècle.

Le continent africain, nous l'avons vu, possède de formidables atouts, qui laissent espérer un futur positif. Mais les décideurs peinent à établir leurs priorités. « Plutôt que d'élaborer un nombre incalculable de mesures économiques et politiques à appliquer, les concepteurs de stratégies de développement gagneraient à en identifier les plus forts leviers et à lever de manière urgente les barrières à l'investissement privé et à l'entrepreneuriat. » Cette affirmation, extraite d'une tribune de Mark A. Doumba[41] dans *Le Monde Afrique* du 24 janvier 2019, met l'accent sur la grande dispersion des mesures prises par les politiques.

Chaque projet, chaque partenariat devrait être regardé à l'aune des créations d'emplois. Chaque arbitrage devrait être rendu en tenant compte de ce critère principal.

La Chine, dans les années 80, est entrée dans l'économie de marché sous l'ardeur de Deng Xiaoping puis de ses successeurs.

---

[41] Mark A. Doumba est un financier franco-gabonais, directeur général d'Enovate Capital et directeur de la rédaction d'*Africa Policy Journal* à l'Université de Harvard.

En une génération, ce grand pays, grâce à une croissance élevée, est sorti de la pauvreté.

Il en est de même des pays d'Europe centrale et orientale. Rapidement, après la chute du mur de Berlin, le 9 novembre 1989, l'Union européenne a ouvert des discussions afin que ces pays puissent y adhérer.

Des subventions (Fonds Ispa) ont été mises à leur disposition par l'Europe au fur et à mesure de l'adoption des critères de convergence par les pays candidats à l'adhésion. Puis, une fois l'adhésion réalisée, les « Fonds de Cohésion » ont pris le relais. Notons au passage que ces fonds, qui sont des subventions non remboursables, n'ont pas été nommés « Aide au développement ». En une génération, des pays comme la Tchéquie, la Hongrie, la Pologne et, même aussi plus tard, la Roumanie et la Bulgarie se sont développés de manière très rapide pour sortir de la situation déficiente, à la fois sur les plans économique et démocratique, dans laquelle ils se trouvaient.

Les Afriques peuvent-elles emprunter leurs propres chemins vers un même résultat ?

Churchill, semble-t-il, disait à ses interlocuteurs à peu près cela :« Si vous voulez faire de la géostratégie, regardez les cartes ! »

Si l'on regarde une mappemonde on voit deux mastodontes, les Etats-Unis et la Chine. Au milieu, l'Europe (le milieu dépend de l'endroit où l'on se place...). L'Europe devient trop petite et comptera de moins en moins au niveau mondial.

L'Afrique, avec 1,3 milliard d'habitants, est située sur les mêmes longitudes que l'Europe. La mer Méditerranée est une mer intérieure à l'ensemble Afrique-Europe. L'Europe et l'Afrique ont des relations historiques compliquées et parfois conflictuelles mais aussi, depuis des centaines d'années, amicales et commerciales. Leurs histoires sont liées, chacun le sait. Par ailleurs, l'Afrique est en expansion démographique, alors que la population de l'Europe est en décroissance.

L'Europe seule perdra de son influence dans le monde, ce qui peut apparaître sans importance à certains, mais plus grave, écrasée entre la Chine et les Etats-Unis, elle pourrait perdre, selon certains spécialistes, son indépendance économique et politique.

Au moment où les Afriques veulent entrer dans la mondialisation, certaines mouvances politiques européennes veulent en sortir. Le renforcement des relations entre l'Afrique et l'Europe est nécessaire pour compter au niveau mondial. De surcroît, cette relation est évidente tant sur le point de vue historique que géographique. « L'Europe doit consacrer au développement de l'Afrique des ressources sans commune mesure avec l'effort aujourd'hui consenti. » Cette déclaration, en décembre 2019, est de Dominique Strauss-Kahn, ancien directeur du Fonds monétaire international. Des pays comme la France ont tout à y gagner. L'avenir de la francophonie n'est pas en France mais en Afrique. La plus grande ville francophone au monde est Kinshasa. Les échanges économiques sont déjà importants avec de nombreux pays africains particulièrement avec ceux de l'Afrique francophone. D'ailleurs les membres de la diaspora africaine en France ne s'y trompent pas. D'après un sondage du Conseil présidentiel pour l'Afrique réalisé par OpinionWay en février 2021, 83 % d'entre eux sont positifs sur l'Afrique et considèrent qu'elle est une chance pour la France et 71 % veulent s'engager pour un projet dans leur pays d'origine.

Les sujets communs à l'Europe et à l'Afrique ne sont pas seulement économiques et sécuritaires. Ces deux continents pourraient aussi agir ensemble sur les enjeux concernant la diplomatie et le changement climatique. Sur le plan du dérèglement climatique, le continent africain n'est responsable que de 3,5 % des émissions mondiales de gaz à effet de serre, mais il est le premier à en subir les conséquences climatiques.

Avec un climat déjà très chaud, il endure des augmentations des températures extrêmes, des sécheresses qui pénalisent l'agriculture et, ici ou là, souffre d'inondations et de la montée des océans. C'est une incroyable injustice que les pays riches doivent réparer et financer, eux qui ont émis massivement ces gaz à effet de serre. Les projets africains ne devraient pas assumer le financement de leur volet climatique.

Sur le plan diplomatique, les pays africains représentent un quart des voix au Conseil de l'ONU. L'ensemble Europe-Afrique pèserait beaucoup plus au niveau mondial.

On perçoit bien que l'Afrique et l'Europe ont un avenir commun. Mais afin d'écrire cette histoire future, l'Afrique doit mettre au travail ses 200 millions de chômeurs.

Pour cela, les Afriques, comme cela a été développé tout au long de cet ouvrage, doivent attirer les investisseurs, développer la petite et moyenne industrie et son agriculture, mettre fin aux partenariats déséquilibrés, ouvrir ses marchés, développer la Zone de libre-échange continentale africaine, orienter les investissements vers les projets les plus créateurs d'emplois.

Nombre de ces enjeux reposent sur le développement des classes moyennes dont les revenus journaliers sont compris entre 2 et 20 dollars. Ces personnes seraient au nombre de 300 millions sur le continent. Toute augmentation du pouvoir d'achat de ces jeunes lions « ruissellera » sur toute l'économie. Mais, pour que cela marche, il faut leur fournir plus d'emplois.

Le potentiel est immense. L'Afrique ne représente encore que 1 % de la production manufacturière mondiale, les rendements agricoles sont très bas et leur amélioration est possible. La moitié de la population africaine n'a pas accès à l'eau, ni à l'électricité, ce sont des territoires gigantesques pour la création de millions d'emplois.

Tous les projets d'investissement, tous les financements disponibles (aide publique au développement, investissements directs de l'étranger, fonds de la diaspora, prêts bancaires) doivent être prioritairement orientés vers les projets les plus créateurs d'emplois.

Pour permettre cela, les décisions sont dans les mains des responsables politiques : encourager les entrepreneurs, inciter les investisseurs locaux et internationaux à agir, fixer les populations dans les champs pour éviter l'encombrement de mégapoles, améliorer la gouvernance sans chercher la perfection et lutter contre la corruption qui provoque l'évasion de milliards dollars qui ne s'investissent pas en Afrique.

Au final, le devenir des Afriques repose principalement sur les jeunes Africains qui sont optimistes et entrepreneurs. Ils veulent une Afrique unie et des partenariats équilibrés, mais ils réclament, à cor et à cri, des emplois !

ANNEXE

Eléments de bibliographie

Doing Business 2020, Groupe Banque mondiale, octobre 2019

Africa's Pulse, No 20, octobre 2019, No 22, avril 2020, No 23 mars 2021. Groupe Banque mondiale Washington

Revue annuelle du groupe de la Banque africaine de développement sur l'efficacité du développement. Edition 2019

Perspectives économiques en Afrique, 2019. Banque africaine de développement

Création d'emplois décents. Groupe de la Banque africaine de développement. Septembre 2019

The African Continental Free Trade Area, Economic and Distributional Effects. World Bank, juillet 2020

Private Equity : Nurturing Africa. INTOAFRICA, May 2019

World Investment Report 2020. United Nations Conference On Trade and Development

Inégalités mondiales, Branko Milanovic. Editions La Découverte, 2019

Rapport sur les inégalités mondiales
World Inequality Lab, 2018

L'Urgence africaine : Changeons le modèle de croissance ! Kako Nubukpo. Editions Odile Jacob, 2019

Les diasporas africaines, Les cahiers du CIAN. Editions Eyrolles, 2019

Exodus, Paul Collier. Editions l'Artilleur, 2019

La ruée vers l'Europe, Stephen Smith. Grasset et Fasquelle, 2018

Serons-nous submergés ? Hervé Le Bras. Editions de l'Aube, 2020

Un vent de violence, Bernard Attali. Descartes & Cie, 2018

Perspectives agricoles de l'OCDE et de la FAO 2016-2025. Chapitre spécial *: Afrique subsaharienne*

L'État de la sécurité alimentaire et de la nutrition dans le monde. Se prémunir contre les ralentissements et les fléchissements économiques. FAO, FIDA, OMS, PAM et UNICEF. Rome, FAO, 2019

L'AFRIQUE, défis, enjeux et perspectives, Philippe Hugon. Eyrolles, 2017

La mécanisation agricole durable : Cadre stratégique pour l'Afrique. FAO et Commission de l'Union africaine (CUA), 2019

PASEC 2014. Performances des systèmes éducatifs en Afrique subsaharienne francophone. Compétences et facteurs de réussite au primaire. Conférence des ministres de l'Éducation des États et gouvernements de la Francophonie. Dakar

Europe-Afrique, Partenaires particuliers. Institut Montaigne, 2019

Jeune Afrique, No 3091, « Les 100 Africains les plus influents » août 2020

TABLE

Chapitre 4
La démographie
Un handicap majeur 77

Chapitre 5
Afriques
Le devenir 107

Annexe

Structures éditoriales du groupe L'Harmattan

L'Harmattan Italie
Via degli Artisti, 15
10124 Torino
harmattan.italia@gmail.com

L'Harmattan Hongrie
Kossuth l. u. 14-16.
1053 Budapest
harmattan@harmattan.hu

L'Harmattan Sénégal
10 VDN en face Mermoz
BP 45034 Dakar-Fann
senharmattan@gmail.com

L'Harmattan Cameroun
TSINGA/FECAFOOT
BP 11486 Yaoundé
inkoukam@gmail.com

L'Harmattan Burkina Faso
Achille Somé – tengnule@hotmail.fr

L'Harmattan Guinée
Almamya, rue KA 028 OKB Agency
BP 3470 Conakry
harmattanguinee@yahoo.fr

L'Harmattan RDC
185, avenue Nyangwe
Commune de Lingwala – Kinshasa
matangilamusadila@yahoo.fr

L'Harmattan Congo
67, boulevard Denis-Sassou-N'Guesso
BP 2874 Brazzaville
harmattan.congo@yahoo.fr

L'Harmattan Mali
Sirakoro-Meguetana V31
Bamako
syllaka@yahoo.fr

L'Harmattan Togo
Djidjole – Lomé
Maison Amela
face EPP BATOME
ddamela@aol.com

L'Harmattan Côte d'Ivoire
Résidence Karl – Cité des Arts
Abidjan-Cocody
03 BP 1588 Abidjan
espace_harmattan.ci@hotmail.fr

L'Harmattan Algérie
22, rue Moulay-Mohamed
31000 Oran
info2@harmattan-algerie.com

L'Harmattan Maroc
5, rue Ferrane-Kouicha, Talaâ-Elkbira
Chrableyine, Fès-Médine
30000 Fès
harmattan.maroc@gmail.com

Nos librairies en France

Librairie internationale
16, rue des Écoles – 75005 Paris
librairie.internationale@harmattan.fr
01 40 46 79 11
www.librairieharmattan.com

Lib. sciences humaines & histoire
21, rue des Écoles – 75005 Paris
librairie.sh@harmattan.fr
01 46 34 13 71
www.librairieharmattansh.com

Librairie l'Espace Harmattan
21 bis, rue des Écoles – 75005 Paris
librairie.espace@harmattan.fr
01 43 29 49 42

Lib. Méditerranée & Moyen-Orient
7, rue des Carmes – 75005 Paris
librairie.mediterranee@harmattan.fr
01 43 29 71 15

Librairie Le Lucernaire
53, rue Notre-Dame-des-Champs – 75006 Paris
librairie@lucernaire.fr
01 42 22 67 13

www.ingramcontent.com/pod-product-compliance
Lightning Source LLC
LaVergne TN
LVHW021232061026
849535LV00008B/3020